Adolf Wilbrandt

Die Lebensmüden

Schauspiel in 3 Aufzügen

Adolf Wilbrandt

Die Lebensmüden
Schauspiel in 3 Aufzügen

ISBN/EAN: 9783743617636

Hergestellt in Europa, USA, Kanada, Australien, Japan

Cover: Foto ©ninafisch / pixelio.de

Manufactured and distributed by brebook publishing software
(www.brebook.com)

Adolf Wilbrandt

Die Lebensmüden

Die Lebensmüden.

Schauspiel in drei Aufzügen

von

Adolf Wilbrandt.

(Bühnen-Manuscript.)

München, 1868.

Akademische Buchdruckerei von F. Straub.

Personen.

Molière.

Armande, Molière's Frau.

Alfred.

Chapelle,
Marcel,
Duval,
Delatour

} Freunde Molière's.

Soufflé, Molière's Diener.

Ein zweiter Bedienter.

Diener und Bauern.

Das Stück spielt um 1670, in Molière's Landhaus in Auteuil bei Paris.

Erster Aufzug.

Alterthümlicher Gartensaal in Molière's Landhaus. Hinten eine Thür (ohne Glas), die in den Garten führt. Rechts, im Mittelgrunde, ein offenes Fenster. Links, mehr nach hinten zu, eine Thür ins Innere des Hauses; dahinter eine schmale Wendeltreppe nach dem oberen Stockwerk hinauf. In der Nähe des Fensters eine Staffelei, mit einem vom Zuschauer abgewandten Bild. Lehnstühle, Sessel und ein Tisch rechts im Vordergrunde.

Erster Auftritt.

Marcel und Duval (sitzen vorne rechts am Tisch, auf dem Weinflaschen und halbvolle Gläser stehn, und würfeln). Chapelle (besonders elegant gekleidet, in reicher schwarzer Perrüke, mit blassem, überwachtem Gesicht, sitzt vorne links und starrt müde vor sich hin). Delatour (geht auf und ab).

Marcel (hebt den Würfelbecher auf; gähnend). Neun — gegen sieben.

Duval (ein Geldstück auf den Tisch werfend). Du gewöhnst dir an, Marcel, mich immer um zwei zu schlagen! (gähnt) Es wird allmählich langweilig, zu verlieren.

Marcel. Es wird allmählich langweilig, zu gewinnen! — (wirft) Zehn.

Duval (wirft). Acht. — Wieder dasselbe Spiel. (Zieht ein neues Geldstück aus der Westentasche.)

Marcel (mit müder Stimme). Ich finde, dieses Würfeln ist eine merkwürdig ermüdende Beschäftigung! Man thut abwechselnd ein paar Achtecke in einen Becher, gähnt den Becher an, läßt sich vom Becher angähnen, und tauscht dann den identischen Inhalt seiner Westentaschen aus! (sich halb nach den Andern umdrehend) Weiß Niemand eine angenehmere Unterhaltung?

1*

Delatour (tritt hinter Chapelle's Seſſel). Schläfſt du, Chapelle?

Chapelle. Ich fühle meinen Geiſt ungefähr auf der Höhe des deinen, Delatour; alſo muß ich wohl schlafen.

Marcel. Sein Geiſt ſticht wenigſtens noch! — Woran denkſt du, Chapelle?

Delatour. Vermuthlich an Nichts.

Chapelle. Der denkende Delatour hat Recht! Ich be: ſchäftige mich wirklich mit dem Nichts; mit dem großen Nichts. Ich ſuche mir eben philoſophiſch klar zu machen, ob das Nichts oder das Etwas in der Welt die Hauptſache iſt.

Marcel (müde lachend). Das iſt freilich eine ſehr wichtige Unterſuchung! — (Trinkt.) Pfui; der Wein iſt ſauer.

Chapelle. „Der Wein iſt ſauer"; — das iſt ungefähr auch der Inhalt meiner Philoſophie! Wenn zum Beiſpiel der Menſch das Glas iſt (auf Marcel's Glas zeigend), und der ſaure Wein das Leben in dieſem Glaſe (auf ſich ſelber zeigend), — und man das Glas nur entzwei zu werfen brauchte, um zur Haupt= ſache, zum Nichts zu kommen — — (Steht auf, thut ein paar Schritte.) Kinder, — wir verfaulen.

Marcel. Wir faullenzen, willſt du ſagen.

Chapelle. Bei Gott, wir führen ein äußerſt nichtswürdiges Leben.

Duval. Hört ihn! Chapelle wird wieder moraliſch.

Chapelle. Haben wir eigentlich Katzenjammer, oder iſt die Welt wirklich ſo erbärmlich, wie ich ſie mir vorſtelle?

Marcel. Das iſt eine ſchwierige Frage.

Delatour (wieder hinter Chapelle ſtehen bleibend). Wie ſtellſt du ſie dir vor, Chapelle? Darauf kommt es an.

Chapelle. Wie den aufgeriſſenen Rachen der Ewigkeit, der Jeden von uns eine Weile angähnt, und dann wieder zu: ſchnappt, — und man iſt verſchluckt! — Ich finde, daß es nicht der Mühe werth iſt, ſich ſo angähnen und ſo verſchlucken zu laſſen. Bei Gott, — jeden Morgen aufſtehn, damit Liſette das Bett machen kann; jeden Vormittag ſich anziehn, um die Ideen ſeines Schneiders ſpazieren zu führen; jeden Mittag ſich eine Serviette vorbinden, um das Thier, den Magen, wie einen knurrenden Affen zu füttern; jeden Abend witzig ſein, damit Delatour es nicht nöthig hat; jede Nacht beim Wein ſitzen, weil man ſonſt am andern Morgen keine Kopfſchmerzen hätte —

wer das unterhaltend finden kann, dem will ich den armen Reft meiner Tage teftamentarifch vermachen.

Duval (lachend). Einen Tag nach deinem letzten Tage zu erben!

Chapelle (fieht fich um). Was thun wir hier eigentlich? Warum geben wir uns dazu her, uns hier Molière zu Ehren zu betrinken? Warum mach' ich hier ftatt feiner den Wirth, verwalte feinen Keller, bewohne fein Fremdenzimmer, fpiele den allgemeinen Spaßmacher, damit er ungeftört feinem Lebens= überdruß, nachhängen kann? Wer ift diefer Molière, daß ich mich fo für ihn aufopfere? Ein Hypochonder, ein Milchtrinker, der mir zum Dank verfpricht, mich in feiner nächften Poffe auf die Bühne zu bringen. Ein Menfch, der die luftigften Comö= dien fchreibt und die traurigften Gefichter fchneidet; ein lebens= müder alter Mann von fünfzig Jahren, den ich feit zwanzig Jahren liebe, ohne irgend einen Grund dazu zu haben.

Duval (lachend). Das Unglück verfolgt dich, Chapelle.

Marcel. Du haft heute einen effigfauren Humor, Chapelle; thu etwas Oel daran!

Chapelle. Meine Freunde, wenn ich euch betrachte, — ihr feht auch alle recht erbärmlich aus! Lauter bleiche, bau= fällige Beftätigungen meiner Philofophie! — Was fagft du, Delatour?

Delatour. Ich? Daß wir alle mit einander gut thäten, diefem lächerlichen Dafein auf eine gute Art ein Ende zu machen.

Chapelle (lachend). Ja, das ift deine alte Marotte! Der Selbftmörder aus Prinzip! — (fieht nach feiner Uhr) Wo bleibt Molière? Wollte er nicht um drei Uhr hier auf der Villa fein?

Marcel (ift aufgeftanden, geht umher). Er wollte um zwei von Paris fort; alfo muß er bald kommen.

Duval. Er fährt die Seine herunter.

Chapelle (fich die Stirn trocknend). Kinder, es ift heiß! Mein Gehirn verdorrt bei diefer Junihitze. Ich glaube, wir haben heute den längften Tag; — ich wollt', es wäre der jüngfte.

Marcel (im Hintergrund, das Bild auf der Staffelei betrachtend). Das würde dir fchlecht bekommen! Da würde dich der große Richter fehr böfe anfehn und fragen: Chapelle, warum haft du diefes vortreffliche Bild nicht fertig gemacht?

Chapelle. Weil ich es erst gestern angefangen habe, würde ich antworten.

Marcel. Bei meinem Leben, Chapelle, der Knabe ist reizend. Du bist ein sonderbarer Mensch, daß du so viel Talent mit so viel Talent vergeudest! Statt unser luftigster Gesellschafter zu sein, hättest du unser berühmtester Maler werden können.

Chapelle. Wozu? Nach den astronomischen Berechnungen meines großen Freundes Delatour wird die Sonne vielleicht nur noch ein paar Millionen Jahre die Güte haben, unsre kleine Erde zu erwärmen; dann ist Alles zu Ende. Wenn man mir den Nachruhm nicht wenigstens auf eine Milliarde garantiren kann, so mag ich ihn nicht; so ist er der Mühe nicht werth.

Marcel. Du hast eine Art, so einen Kopf zu entwerfen —! (kommt etwas mehr nach vorn) Wer ist eigentlich dieser Alfred, den du da malst, dieser sonderbare Junge? Er sieht halb wie ein Mädchen aus.

Duval. Still! Chapelle ist in ihn verliebt.

Delatour. Er ist erst seit vorgestern im Hause, und gestern hat Chapelle schon angefangen, ihn auf die Leinwand zu bringen.

Marcel. Ich habe vorhin auf fünf Minuten seine Bekanntschaft gemacht; er ist offenbar ein feiner junger Mensch. Was thut er hier?

Delatour. Molière's Frau ist seine entfernte Cousine. Er kommt frisch aus der Provinz und will Paris sehn. So viel hat er mir vorhin im Garten selbst erzählt; dann machte er mir eine zierliche Verbeugung und verschwand in die Büsche.

Marcel. Er ist offenbar scheu und leck zugleich! — Warum sprichst du nicht mit, Chapelle? Was weißt du von ihm?

Chapelle (der schon eine Weile nach oben horcht, halblaut). Ich glaube, ich hör' ihn gehn.

Marcel. Wo?

Chapelle (zeigt nach der Treppe).

Duval. Vorhin sah ich ihm zu, wie er im Garten auf einer Bank saß und mit Blumen hantierte; er schien einen Kranz zu winden, träumte vor sich hin und bemerkte mich nicht. Es scheint, in der Provinz giebt es seltsam zarte Pflanzen unter den Jünglingen!

Chapelle (leise). Still! Er kommt. — Er träumt! — Ich bitt' euch alle, seid still. Tretet ein wenig beiseite. (Tritt mit den Andern nach links zurück.)

Zweiter Auftritt.

Die Vorigen, Alfred (kommt langsam die Treppe herunter, einen Kranz von frischen Blumen in der Hand, und starrt träumerisch vor sich nieder).

Chapelle (betrachtet ihn schweigend; erst als Alfred auf der letzten Stufe ist, ruft er ihn an). Alfred!

Alfred (zusammenfahrend, stößt einen Schrei aus). Ah!

Chapelle. Träumer! — Erschrickt er nicht wie ein Mädchen? — Wo kommt Ihr her, Monsieur Alfred? Was wollt Ihr mit diesem Kranz?

Alfred (noch verwirrt). Ich? — Ich dachte, die Herren seien noch im Garten.

Chapelle. Und dieser Kranz?

Alfred (sich fassend, in plötzlich übermüthiger Heiterkeit). Dieser Kranz war für Euch. Ich wollte Euch nach griechischer Sitte beim Trinken damit bekränzen.

Chapelle. Ei, Ihr seid ja ein liebenswürdiger junger Mann! — (zu den Andern) Sieht er nicht aus wie ein Ganymed? Er soll heute Abend unser Ganymed sein.

Delatour. Lieber sogleich! Gebt ihm ein Glas und die Flasche, und kehren wir zu unserm Beruf zurück. (Tritt an den Tisch und trinkt aus.) Mein Glas ist leer, Ganymed.

Alfred (munter). So werd' ich es füllen, Apollo.

Chapelle (lachend). Delatour unser Apollo! — Wer ist dann Jupiter, mein kleiner Ganymed?

Alfred (die Gläser füllend). Den großen Jupiter seh' ich nicht; es scheint, er ist nicht zu Hause.

Chapelle. Sieh da, wie er mich abführt! — Nein, ich bitte Euch, mein Freund, laßt mich Jupiter sein, und kommt zu mir, Ganymed! — Ihr wolltet mich ja bekränzen —

Alfred (setzt ihm den Kranz auf).

Chapelle. Und nun nehmt mein Glas, holder Ganymed; trinken wir mit einander! — Mein Gott, wie schüchtern er nippt; als schwämme eine Wespe im Glase, die an seinen Honiglippen saugen wollte." (mit einem verliebten Blick auf Alfred) Seht diesen

Jüngling an, meine Freunde, und dann verleumdet noch ferner die Frauen als das schöne Geschlecht! — Frauenschön= heit! Eine Rippe von Adam reichte hin, um Eva und alle ihre Nachkommen auszurüsten; und die Naturforscher zweifeln, ob es nicht gar eine von den falschen Rippen gewesen ist: Aber so ein Knabe, in dem noch Alles beisammen liegt, was es Reizendes giebt! Drei Viertel Adam und ein Viertel Eva gemischt, und das Ganze ein Mensch nach dem Ebenbilde Gottes!

Marcel. Chapelle schwärmt. Seht, wie er unsern Gany= med roth gemacht hat; — er wird ihn nun auch noch eitel machen.

Chapelle. Es lebe die Schönheit, meine Freunde! (Hebt sein Glas, will trinken, setzt es dann mit melancholischem Kopfschütteln wieder hin.) Ah bah, was ist Schönheit! Wie lange dauert's? In zehn Jahren (auf Alfred deutend) ist das auch dahin. Dann ist aus der frischen Blume Heu geworden! Alles dauert gerade nur so lange, daß man sagen kann: es war da; — nur das Nichts ist ewig.

Delateur. Darum sag' ich: hinein mit uns in das Nichts!

Chapelle. Das Nichts! — Ich möchte es wohl einmal sehn; es muß eine schauerliche Fratze sein! — Jedes Ding bemüht sich, etwas zu werden, und mit jedem Schritt, den es macht, geht es nur dem grinsenden Nichts entgegen; tapp, tapp, tapp! — Das Nichts ist die alte Spinne, die in ihrem Winkel auf uns lockere Fliegen lauert. Wir riechen eben den Zucker, von dem wir zu naschen denken, fliegen drauf los, und fliegen dem Nichts ins Netz! — Darum schütteln sich auch so viele zarte Seelen, wenn sie Spinnen sehn. (hebt wieder sein Glas) Es lebe die alte Kreuzspinne, das große Nichts!

Marcel. Ist das ein unholder Trinkspruch.

Chapelle (trinkt, reicht dann Alfred sein Glas hin). Den Rest, mein Ganymed!

Alfred. Darauf trink' ich nicht.

Chapelle. Nehmt!

Alfred. Ich trinke nicht auf das Nichts.

Chapelle. Seid Ihr noch so jung, daß Euch vor dieser Spinne ekelt? — (Setzt auf einmal sein Glas nieder und tritt zurück.) Ihr habt Recht. Es ist ekelhaft, an einem warmen Sommer·

tag an solche Dinge zu denken. (Wirft sich wieder in einen Sessel und starrt vor sich hin. Alfred betrachtet ihn stumm mit sichtbarem Interesse.)

Dritter Auftritt.

Die Vorigen, Soufflé.

Soufflé (in vernachläßigter Kleidung, mit genial unordentlichem Haar und theatralischen Manieren, tritt von hinten ein). Messieurs — er ist da! er ist da!

Marcel. Wer ist da?

Soufflé. Der große Mime Molière ist im Anzug. (indem er seine Hand wie eine Fahne flattern läßt) Ich habe seine kleine rothe Flagge auftauchen sehn.

Alfred (aufgeregt). Also wird er gleich hier sein?

Soufflé. O nein, Monsieur. Wenn ich meinen Herrn und seine rothe Flagge heranschwimmen sehe, so braucht er noch eine Viertelstunde, bis er da ist.

Alfred. Weßhalb?

Soufflé. Wegen der Seine, Monsieur. Die Seine beißt sich dreimal in den Schwanz, ehe sie herankommt. Sie läuft immer hin und her (mit nachahmenden Bewegungen), wie der alte Grieche Menander, von dem die Herren ja wohl gehört haben werden.

Marcel (lacht). Menander!

Chapelle. Laßt ihn gehn! Soufflé stellt sich unter dem „Mäander" natürlich einen griechischen Lustspieldichter vor, und seine lebhafte Phantasie denkt ihn sich, wie er Abends betrunken nach Hause schrägelt. Laßt Euch in Eurer Weltanschauung nicht irre machen, Soufflé! — Wo ist Eure Herrin?

Vierter Auftritt.

Die Vorigen, Armande.

Armande (kommt von links). Sie tritt eben ein. (mit einem Blick auf den Wein und auf Chapelle's Kranz) Sieh da, die Herren wissen sich zu jeder Tageszeit zu unterhalten! Es scheint, hier werden ächt Chapelle'sche Possen getrieben. (tritt auf einen Augenblick an Alfred heran; leise) Kind, verräthst du dich?

Alfred (schüttelt den Kopf).

Armande. Was steht Ihr hier herum, Soufflé? Monsieur Molière kommt, und Ihr habt sein Zimmer noch nicht hergerichtet. Macht keine Phrasen und geht.

Soufflé (für sich). Sie ist heute herb gegen mich! (laut, pathetisch) Ich gehe, Madame! (Nach links ab.)

Chapelle (der gleich den Andern aufgestanden ist und sich den Kranz vom Kopf nimmt). Freund Molière läßt heute auf sich warten! — Und doch habt Ihr Euch so reizend für ihn geschmückt, Armande.

Armande (elegisch seufzend). Als ob das noch der Mühe werth wäre! — Aber Ihr seid ja blaß, Chapelle. Ihr seht mißvergnügt aus. Es scheint, Ihr seid in keiner lieblichen Stimmung.

Chapelle (fein). Es scheint, ich bin ein guter Spiegel, Armande! — Doch ja, Ihr habt eigentlich nicht Unrecht; ich bin melancholisch. Ich weiß, woher es kommt: gestern Abend waren wir lustig wie die olympischen Götter, und darum bin ich heute beschäftigt, Grillen zu fangen! Ich bin eine Spieluhr, die immer abwechselnd zwei Melodien spielt: gestern den Galopp, heute den Trauermarsch. Oder wie ein Wetterhäuschen: heute springt der lustige Herr Chapelle hervor, morgen die grämliche Madame! — — Das Leben ist eine verwünschte Posse; — aber lassen wir's laufen.

Armande. Ihr seid ein geselliger Einsiedler, Chapelle; das ist ein sehr gefährlicher Beruf! — Ihr solltet noch heirathen.

Chapelle. Ja seht, Armande, ich habe wirklich auch schon daran gedacht; aber (nach oben zeigend) man will mir nicht wohl. Ich habe offenbar da oben nicht die rechten Connexionen! Alles schlägt mir fehl. Louison gefällt mir; aber sie hat ihr Herzchen schon an Gaspard verloren. Marion schätzt mich; aber Eine Mutter und drei Tanten schildern ihr meine verworfenen Sitten. — Basta. Victorine würde für mich durch's Feuer gehn; aber sie ist zum Unglück schon verheirathet. Und so scherzen die lieben Götter mit mir, und treiben ihren Teufelsspaß mit ihrem ergebensten Diener; und in diesem Augenblick haben sie die unendlich geistreiche Idee, (auf Alfred zeigend) mich in den Knaben da verliebt zu machen (Alfred fährt zusammen); in ein allerliebstes junges Blut! nur ist es leider ein Knabe.

Armande (wirft Alfred einen Blick zu, sich zu fassen). Schämt Ihr Euch nicht, Chapelle, vor so jungen Ohren so leichtfertige Reden zu führen? — Glaubt ihm nicht Alles, was er sagt, Alfred; er hat die häßliche Gewohnheit, sich schlecht zu machen und das moralische Ungeheuer zu spielen. — Und nun thut mir die Liebe, Chapelle, mir diesen Jüngling auf eine Viertelstunde zu lassen; ich entführe ihn Euch, aber ich bring' ihn wieder.

Chapelle. Ihr braucht ihn nicht zu entführen: wir Andern gehn! — Nicht wahr, meine Freunde, sollten wir diesem Verräther Molière nicht ein wenig entgegenrudern und seine faule Galeere in Schlepptau nehmen?

Marcel. Entern wir ihn! Nehmen wir ihn gefangen. — Madame, wir kommen mit Eurem Gatten, oder niemals zurück.

Armande (lächelnd). Also wünsch' ich boppelt: auf Wiedersehn!

Chapelle. Auf Wiedersehn, mein Ganymed. (Drückt dem erröthenden Alfred die Hand und geht rasch nach hinten hinaus; Marcel, Duval und Delatour folgen.)

Fünfter Auftritt.

Armande, Alfred.

Armande (zu Alfred, der Chapelle nachsieht). Madeleine!

Alfred. Um Gottes willen, Tante! So laut nennt Ihr meinen Namen.

Armande. Kind, sie sind ja fort. — Es scheint, du bist eine vortreffliche Schauspielerin, Madeleine. (mit feinem Lächeln) Nur Liebeserklärungen kannst du offenbar nicht vertragen.

Alfred (verlegen). O Tante!

Armande. Dieser Chapelle!

Alfred. Ich bitte, Tante, sprechen wir nicht von ihm. (hastig) Vor allen diesen Herren spiele ich recht gut; aber wie ich mich fürchte, meinem Oheim Molière in dieser Maske gegenüberzutreten! Dem größten Schauspieler Frankreichs! — Ich denke, er wird und muß mich auf der Stelle entlarven.

Armande. Ich denke nicht; — wenn er dich nicht erkennt.

Alfred. O nein, das ist unmöglich! Es ist ja sechs Jahre her, daß er mich zuletzt gesehen hat, — und ich war ein zwölf= jähriges Kind. Und nun dieser Anzug, Tante, diese Haartracht, und meine veränderte Stimme! — Ich hatte damals so eine dünne, helle Vogelstimme, daß die Leute im Dorf mich aus= lachten, wenn ich einen von ihnen rufen sollte. Und ich weiß noch, wie der Oheim Molière lächelte, als ich ihn bat, mich mit nach Paris zu nehmen und mich declamiren zu lehren und aufs Theater zu bringen. Wie er mir die Hand auf den Kopf legte, mich mit seinen ernsten, klugen Augen ansah, dann wieder lächelte, und endlich sagte: Ueber sechs Jahre, mein Kind, reden wir mehr davon! — und damit ließ er mich stehn.

Armande (die sich inzwischen gesetzt hat). Nun, die sechs Jahre wären richtig vorüber.

Alfred (lebhaft). Ja, und ich nehm' ihn beim Wort! Dies= mal, Tante Armande, soll er mir Rede stehn, — oder ich werd' ihn nicht mehr als meinen Oheim anerkennen! (nachdenklich) Ob er sich wohl der kleinen Madeleine überhaupt noch erinnert, — und des letzten Abends, als er bei uns war? Sie hatten mich zu Bette geschickt, Tante, und nun saß der Oheim noch im großen Zimmer mit meinen Eltern beim Wein, und ich stand im dunkeln Nebenzimmer an der Thür und horchte, — denn ich hatte gemerkt, daß sie unter sechs Augen über mich sprechen wollten. Und ich weiß es noch wie von heute, wie ich den Oheim zu meinem Vater sagen hörte: Wart' es ab, Duclos! Ist's nur eine Kinderei, die ihr im Kopfe steckt, so wird sich's verlieren, wenn sie in die langen Kleider kommt, und sie wird höchstens mit ihrem Mann ein wenig Comödie spielen! Wenn aber in deiner Madeleine der wirkliche Theaterdämon steckt, dann wird sie Euch eines Tages davonlaufen und uns alle an der Nase herumführen, und dann wird's Zeit sein, Duclos, daß wir unsern Segen dazu geben.

Armande. Eine eigene Maxime!

Alfred (drollig). Ich befolge sie! — Nehmt Euch in Acht, Herr Oheim: ich bin jetzt da, um Euch an der Nase herumzu= führen! Ich habe mir nach Eurem Recept die Freiheit genommen, davonzulaufen, und will nun versuchen, ob ich an Euch mein Probestück machen kann!

Armande. Wie übermüthig sie ist!

Alfred. Ach, Tante Armande, — ich weiß nicht, was ich bin. Uebermüthig und furchtſam, poſſenhaft und elegiſch; — es wirbelt ſo durch einander in mir herum. Habt Geduld mit mir, Tante; verrathet mich noch nicht. Ich liebe Euch ſehr, meine ſchöne Tante; und darum laßt mich die Comödie zu Ende ſpielen.

Armande. Wie ſie ſtreicheln und ſchmeicheln kann! — Mein Kind, es ſoll Niemand vergnügter ſein als ich, wenn du deinen Oheim überzeugſt, daß du eine Schauſpielerin biſt. Ich bin ja ſelbſt ein ächtes Theaterkind! Und vor Jahren, Madeleine, hätte mir nichts mehr Freude gemacht, als ſo eine Comödie; (in elegiſchem Ton) ich bin nur jetzt nicht ganz in der geziemenden Stimmung.

Alfred. Ich merk's; Ihr ſeid etwas melancholiſch, Tante! — O Gott, wie anders find' ich hier Alles, als ich mir's vorgeſtellt hatte! — Paris! Molière! Das Theater! Ich dachte, da müſſe Alles ſo heiter, ſo ſtrahlend, ſo glückſelig ſein. Statt deſſen ſagt mir hier Jedermann, daß der große Luſtſpieldichter und Poſſenſpieler Molière ein ſchwermüthiger Hypochonder iſt; ſeine luſtigen Freunde ſterben vor Langeweile, und auch meine ſchöne Tante (ſie wieder ſtreichelnd) iſt ſchon ſo weltſatt, ſo müde!

Armande (elegiſch). Warum ſollte es anders ſein? Ich bin eine alte Frau.

Alfred. Wirklich? Dann verſtellt Ihr Euch wunderbar.

Armande. Ich werde alt vor der Zeit! Als ich noch recht leichtſinnig war, mich gerne vergöttern und verhätſcheln ließ und meinen armen eiferſüchtigen Mann zur Verzweiflung brachte, da war ich noch jung wie ein unreifes Kind; und jetzt, wo ich ihm keinen Kummer mehr mache, wo ich ſo ſtill und ehrbar lebe wie Penelope, jetzt fühl' ich mich ſchon ſo alt wie eine überreife Matrone!

Alfred (klug). Ich weiß, warum: weil Euch der Oheim vernachläſſigt.

Armande. Nicht doch! Was fällt dir ein?

Alfred. Ihr verſtellt Euch umſonſt; ich hab' es doch längſt errathen! Er iſt ein alter Griesgram und vernachläſſigt Euch.

Armande. Willſt du wohl ſtille ſein! (melancholiſch ſcherzend) Nein, — ich will dir mein ganzes Geheimniß ſagen, Madeleine: ich habe mir alle Koketterie abgewöhnt, und es scheint, die Koketterie war meine Lebensluft. Nun sterb' ich ab.

Alfred (scherzend). Wirklich? Nun, dann müßt Ihr wieder kokett werden, Tante Armande! Wenigstens so viel, um Euch das Leben zu fristen! — Mit mir dürft Ihr ja kokettiren, schöne Frau, ohne untreu zu sein. (Sie kniet vor Armande nieder und sieht mit drolligem Schmachten zu ihr auf.) Hier liegt der holde Ganymed und bittet um Eure Liebe!

Sechster Auftritt.
Die Vorigen, Molière, Chapelle.

Chapelle (zuerst eintretend, sieht die Gruppe; halblaut). Ei ei!

Molière (tritt hinter Chapelle aus dem Garten ein; etwas röthliche Gesichtsfarbe, blondes, angegrautes Haar, vernachlässigte Kleidung. Bleibt beim Anblick der Gruppe höchst befremdet stehn). Ah! Man kniet vor meiner Frau!

Alfred (springt erschrocken auf, sieht Molière verlegen an; für sich). Der Oheim.

Molière (näher tretend). Es scheint, das ist dieser weitläuftige Cousin von Madame Molière, den ich hier finden soll; der sich in diesen zwei Tagen schon recht — zutraulich eingewöhnt hat! — Ist es in Eurer Provinz ein altes Herkommen, Cousin, vor den Frauen aus der Verwandtschaft zu knieen?

Alfred (hat sich gefaßt; keck). Wenn sie schön sind, o ja!

Molière. Madame Molière, Ihr findet noch Anerkennung! (mit einem Blick auf ihren Anzug) Ich sehe auch, daß Ihr nichts versäumt, um Euch ihrer würdig zu machen. Mein Compliment zu der neuen Mode! Der Schnitt steht Euch vortrefflich.

Alfred. Meine schöne Cousine hat durchaus noch nicht nöthig, ihren Reizen durch neue Erfindungen aufzuhelfen.

Molière (immer ironisch). Findet Ihr, Cousin? — Ihr kommt aus der Provinz. Ihr wünscht in Paris Eure Bildung zu vervollständigen.

Alfred. Und meine schöne Cousine zu besuchen.

Molière. Chapelle, hörst du diesen jungen Monsieur Ohnebart? (Tritt ganz nahe an Alfred heran und faßt ihn scharf ins Auge. Alfred fängt an zu zittern, bezwingt sich aber sogleich wieder und sieht Molière gleichfalls fest ins Gesicht. Nach einer Pause). Ihr redet

wie ein Mann, Coufin, aber Ihr seht noch so zart aus wie
ein Frauenzimmer.

Alfred (einen neuen Anfall von Schreck bezwingend). Ihr saht
auch einmal zarter aus als jetzt, Coufin.

Chapelle (lachend). Bei Gott, das ist wahr, Molière! Deine
fünfzig Jahre können es nicht leugnen.

Molière (für sich, zwischen Aerger und Wohlgefallen). Ein lecker
Bursche! — (reicht Alfred die Hand) Ich heiße Euch willkommen,
Coufin.

Alfred. Ich danke Euch, Coufin.

Molière. Ihr wünscht auch mein Theater kennen zu
lernen, Coufin?

Alfred. Gelegentlich, Coufin; doch liegt mir am Theater
nicht viel.

Molière. Mehr an schönen Frauen!

Alfred. Ihr habt's getroffen.

Molière. Ich bitte nur, Coufin, sich in diesem Punkt
ein wenig nach unsern Sitten zu richten.

Alfred. Ich werde Eure Wünsche respectiren, Coufin.

Molière (für sich). Er behält immer das letzte Wort! —
(sich zu Armande wendend) Guten Tag, Armande. Es gefällt
Euch hier draußen in Auteuil?

Armande (mit einem Blick auf Alfred, kokett). Seit ich diese
liebenswürdige Gesellschaft habe, — o ja!

Molière (in bitterer Laune). Ich störe hoffentlich nicht! —
Doch seid ganz ruhig, Armande; ich komme nur auf Einen
Tag heraus; meine Geschäfte rufen mich schon morgen nach
Paris zurück.

Armande. Schon morgen!

Molière. Auch verfolgen mich diese unseligen Geschäfte
bis hierher. In vierzehn Tagen soll mein neues Stück vor
dem König gespielt werden; und ich komme nicht von der
Stelle. Ich kann nichts mehr. Die Phantasie ist todt; ich
bin nur noch der Leichnam des Molière! Ich erfinde nichts;
ich spiele wie ein Stümper; — sie werden mich auspfeifen,
wenn ich wieder zurückkomme.

Armande. Ihr seid ja in einer wundervollen Laune,
Molière! — Und nun denkt Ihr auch hier zu arbeiten, statt
uns Gesellschaft zu leisten?

Molière. Was verliert Ihr an mir? Ich bin ein alter Mann, der in den Sorgen dieser Welt vertrocknet! Was für ein Narr müßte ich sein, wenn ich (auf Alfred weisend) mit dieser „liebenswürdigen Gesellschaft" concurriren wollte.

Armande (tritt an Molière heran; leise). Ihr verfallt wieder in Euren alten Fehler, Molière.

Molière (ebenso). Und der wäre?

Armande. Eifersüchtig zu sein.

Molière. Auf diesen Knaben!

Armande. Molière, Molière! Ich warne Euch vor Eurem alten Fehler. Ihr wißt: wenn Ihr wieder anfangt, mich mit Eifersucht zu plagen, so laufe ich Euch davon.

Molière (mit künstlichem Lächeln). Wofür haltet Ihr mich! Wenn ich je wieder in diese Thorheit zurückfalle, so sollt Ihr mich als einen alten Narren ausrufen lassen.

Armande (drohend). Ich nehme Euch beim Wort! — (laut) Wo habt Ihr Eure Freunde gelassen, Chapelle? Sind sie in die Seine gefallen?

Chapelle (der inzwischen zum Fenster hinausgesehen hat). Nein, das nicht; aber hineingesprungen: sie haben, um sich die heißen Köpfe abzukühlen.

Armande. Und Ihr?

Chapelle. Ich habe nicht; ich habe lieber mit Wein als mit Wasser zu thun. Und Freund Molière?

Molière. Ich werde versuchen, meinem erbärmlichen Gehirn zum Trotz eine schlechte Scene zu schreiben.

Chapelle. Selbstmörder! Du denkst im Ernst, uns heute Abend bei unserm Bacchanal nicht Gesellschaft zu leisten?

Molière. Was soll ich da? Ich überlasse dir, deine Weinbrüder zu unterhalten. Ich werde meine vorschriftsmäßige Milch trinken und bei guter Zeit zu Bette gehn.

Chapelle. Ah bah! Unverbesserlicher Misanthrop! — Ein seltsames Volk, die Poeten: sie suchen Hinz und Kunz das Leben zu erheitern, und genießen ihr eignes nicht. — Geh hin, Molière, und richte dich zu Grunde.

Molière (im Abgehen, mit melancholischem Lächeln). Ich werde versuchen, mich durch Milchtrinken zu tödten! — Leider sagt mir mein Arzt, daß gute Milch ein sehr unsicheres Selbstmords-mittel ist.

Chapelle. Ihr erzieht ihn schlecht, Armande: Ihr habt einen zweiten Delatour aus ihm werden lassen. Gebt Acht, er wird eines Tages mit Delatour in's Wasser gehn, weil die Milch nicht töbtet.

Molière. Es wäre vielleicht — — (Bricht ab.) Auf Wiedersehn, Armande! (Kommt noch einmal zurück, giebt Alfred die Hand und sieht ihm starr ins Gesicht.) Auf Wiedersehn, Cousin.

Alfred (seinen Blick erwidernd). Glückliche Verrichtung, Cousin.

Armande (leise zu Molière). Ich wiederhol' es, mein Freund: ich wünsche keine Eifersucht mehr.

Molière (leise). Schon gut!

Armande (laut). Nehmt mich mit, mein Freund! (Sie hängt sich in Molière's Arm und geht mit ihm nach links ab.)

Siebenter Auftritt.

Chapelle, Alfred.

Chapelle (macht sich an der Staffelei zu schaffen; Alfred geht nach hinten und steigt die Treppe hinauf. Chapelle wendet sich plötzlich um). Ihr wollt fort, Monsieur Alfred? (nach seiner Uhr sehend) Haben wir nicht um diese Stunde malen wollen?

Alfred (bleibt auf der Treppe stehn). Ich dachte, — Ihr hättet es vergessen.

Chapelle. Das war voreilig gedacht. Um diese Stunde stört uns hier (nach dem Fenster blickend) keine Sonne und kein Reflex. Auch die Menschen werden uns nicht stören. Kommt nur herunter, mein Freund! Erheitern wir uns; pinseln wir ein wenig, und tauschen wir dabei unsere Lebenserfahrungen aus.

Alfred (wieder unten; mühsam scherzend). Das wäre ein seltsamer Tausch! — (für sich, beklommen) Ich wollte, ich wäre fort.

Chapelle (der die Sessel rückt und Pinsel und Palette in die Hand nimmt). Setzt Euch, Ganymed. Nehmt Euer Barett und setzt Euch.

Alfred (indem er von einem Sessel ein Barett nimmt). Ihr seid so tyrannisch.

Chapelle. Verleumbung! Ich liebe Euch.

Alfred (fährt zusammen; mit einem künstlichen Lächeln). O ja; man sagt auch, die Liebe sei der größte Tyrann.

Chapelle. Ei, Ihr habt ja schöne Kenntnisse, Alfred! — Jetzt endlich setzt Euch. Bedeckt Euer zartes Haupt mit dem männlichen Barett! (indem er mit den Augen beständig Alfred und das Bild vergleicht) Das Ding steht Euch gut; es giebt dieser kleinen Larve etwas Charakter. Ihr habt eigentlich ein Gesicht wie eine Nymphe.

Alfred. Das habt Ihr mir schon mehr als einmal gesagt.

Chapelle. Es wird darum nicht unwahrer, junger Freund! — Und trotz dieses Nymphengesichts habt Ihr Euch so schnell zu einem Kniefall vor Eurer Cousine entschlossen.

Alfred (wieder munter, lacht). Wollt Ihr mich etwa auch darüber zur Rede stellen?

Chapelle (indem er malt). Ich bin eifersüchtig. Ihr seid mein Ganymed; Ihr sollt keine andern Götter haben neben mir! — Bitte, bitte, sitzt ein wenig still.

Alfred. Ich wüßte nicht, daß ich Euch Treue geschworen hätte.

Chapelle. Freilich, das habt Ihr nicht; — es hätte auch wenig zu sagen. Denn wie man auch über die Frauen lästern mag, Ganymed, — auf Einen Treubruch, den sie den armen Männern anthun, kommen zehn, die wir an ihnen verüben.

Alfred (unruhig). Meint Ihr? Habt Ihr so viel Erfahrung in diesen Dingen?

Chapelle. Erfahrung! — — Ich bitte, haltet Euch still; Ihr seht so sanft aus und könnt doch nicht einen Augenblick stille sitzen. — Erfahrung! Ich lebe nun schon bald vierzig Jahre, mein Freund; da muß sich wohl allmählig eine hübsche Sammlung von Erfahrungen bilden.

Alfred (mühsam). Und Ihr selbst — wie habt Ihr es in diesem Punkte gehalten?

Chapelle. In welchem Punkt?

Alfred. Im Punkt der Treubrüche.

Chapelle. Ich? — Wie ein Mann!

Alfred (fährt vom Sessel auf).

Chapelle (sieht ihn verwundert an). Was habt Ihr? Ihr fahrt ja wie ein Champagnerpfropfen in die Höhe! Habt ihr Euch so entsetzt? — Wär' es Euch lieber, kleiner Muttersohn, daß ich wie ein Frauenzimmer gelebt hätte?

Alfred (hat sich wieder gesetzt; mit gemachter Heiterkeit). In diesem Einen Punkt — hätte es vielleicht nicht schaden können!

Chapelle. Meint Ihr? — Ihr seid noch gut und unschuldig, Ganymed. Das Leben wird Euch auch noch den zarten Staub von den Flügeln streifen! (matt) Euer Ohr ist niedlich.

Alfred. Habt Ihr es denn nie für eine Sünde gehalten, Jemand die Treue zu brechen?

Chapelle. Mein Gott, — wie kommt man dazu? Ueberlegt man sich das vorher? Man sieht, man liebt, man schwört, man erobert, man kühlt sich ab, — und nun eilt das arme Seelchen zu vergessen, was es im Rausch gelobt hat. Das ist nun einmal der Lauf der Dinge! Wer in dieser Welt leben soll, in der es schöne Frauen und guten Wein gibt, der muß sich auch gelegentlich berauschen dürfen; und wer einen Liebesrausch hat, muß hernach auch den Katzenjammer auf sich nehmen.

Alfred. Es scheint, Ihr haltet Treulosigkeit und Katzenjammer für dasselbe?

Chapelle. Bitte, seht mich an; — Ihr vermeidet schon geraume Zeit, mich anzusehn! — Lassen wir dieses Thema, Ganymed; Ihr seid dafür noch nicht reif. Sprechen wir uns in einigen Jahren wieder, wenn Ihr Erfahrungen gesammelt habt.

Alfred (mühsam, mit verhaltener Bitterkeit). Ihr wart wohl oft verliebt? Ihr habt es wohl an — hübschen Abenteuern nicht fehlen lassen?

Chapelle (eifrig malend). Nehmt Euch an mir kein Beispiel, Ganymed; ich war zeitlebens ein ruchloser Geselle. Aber, bei Gott, nur zum Zeitvertreib; — denn eigentlich, mein Knabe, um aufrichtig zu sein, war mir an den Frauen herzlich wenig gelegen.

Alfred (mit einer plötzlichen Bewegung, halblaut vor sich hin). Oh!

Chapelle (blickt auf). Was sagt Ihr?

Alfred. Ich?

Chapelle. Ja, Ihr.

Alfred. Nichts. — Gar nichts.

Chapelle. Ich meinte, Ihr sagtet etwas. — Ihr scheint

2*

mir heute sonderbar aufgeregt zu sein. (ihn fast verliebt betrachtend) Aber es steht Euch gut.

Alfred (seinem Blick ausweichend). Und doch — und doch habt Ihr Euch so viel mit den Frauen abgegeben?

Chapelle. Mein Gott, Ihr wißt noch nicht, wie sie einem in die Arme laufen, wenn man eine aufgeweckte Zunge hat oder schön geschnitzt ist! Ihr, mit Eurer hübschen Larve, werdet das auch noch erleben, — falls Ihr dumm genug seid. Denn man muß entweder häßlich und witzig, oder schön und dumm sein; dann hat man sie sicher.

Alfred (unruhig auf seinem Sessel rückend). Kennt Ihr die Frauen so gut? (Er steht auf, nimmt das Barett vom Kopf und zertrümmert es zwischen den Händen.)

Chapelle (sieht ihn befremdet an). Was ist Euch? Was treibt Ihr, Alfred?

Alfred (mit seiner Aufregung kämpfend). Nichts — nichts! — — So sind wohl die Frauen ein sehr einfältiges Geschlecht! — Und Ihr macht Euch kein Gewissen daraus, nicht wahr, sie unglücklich zu machen?

Chapelle. Unglücklich? Warum? — Muß denn so eine kleine Verliebtheit, so eine kleine Enttäuschung unglücklich machen? Das kitzelt, das schmerzt ein wenig, — und dann ist's vernarbt. Was man so die große Liebe nennt, mein Freund — wobei man tragisch wird, nach Gift seufzt oder wie eine Blume verwelkt — so etwas hab' ich seit der Ammenmilch noch nicht gefühlt.

Alfred (mit zitternder Stimme). Ihr nicht — aber die Andern? — die Euch geliebt haben? — mit denen Ihr gespielt — — (Die Stimme versagt ihr, sie bricht plötzlich in Thränen aus und wirft das Barett auf die Erde.)

Chapelle (sie erschrocken anstarrend). Mein Gott — was ist das? — Alfred! — — Ihr seid nicht, was Ihr scheint!

Madeleine (zur Besinnung kommend, für sich). Mein Gott, was hab' ich gethan!

Chapelle. Alfred! — Ihr seid kein Mann — kein Knabe —

Madeleine (stammelnd). Was wollt Ihr? — Was fällt Euch ein? (Chapelle geht auf sie zu, sie weicht nach vorne zurück.)

Chapelle. Ihr seid — — Gebt mir die Hand!

Madeleine (immer zurückweichend). Rührt mich nicht an!

Was wollt Ihr? (für sich, in tiefster Angst) Fort — hinaus! (Will nach links an die Thür.)

Chapelle (kommt ihr zuvor, schließt die Thür zu). Nicht von der Stelle, eh Ihr Euch zu erkennen gebt! Löst Euch auf, schönes Räthsel! (Verschließt auch die Thür im Hintergrunde und kommt dann zurück, auf sie zu.) Ich habe Euch gefangen; Ihr entgeht mir nicht. Bekennt, was Ihr seid.

Madeleine (nach Fassung ringend). Ich verstehe Euch nicht; seid Ihr von Sinnen? (da er ihre Hand ergreift) Was wollt Ihr mit meiner Hand?

Chapelle. Dich enträthseln, mein schöner Ganymed —

Madeleine (reißt sich heftig los). Laßt mich! Ich habe nichts mit Euren Räthseln zu schaffen! (Sie wirft ihm einen wilden Blick zu und eilt in den Hintergrund.)

Chapelle (in wachsender Aufregung). Ihr flieht vor mir? — Die Treppe hinauf entkommt Ihr mir nicht; ich eile Euch nach —

Madeleine (mit den Augen suchend). Nun, so laßt Ihr mir nur einen einzigen Weg! (Sie läuft quer durch den Saal, wobei sie das Bild von der Staffelei stößt, springt auf das Fensterbrett und zum Fenster hinaus.)

Chapelle (überrascht). Alfred! — Ihr wagt — Ihr werdet — — (ihr nachrufend) Alfred!

(Der Vorhang fällt.)

Zweiter Aufzug.

Dieselbe Dekoration. Die Staffelei ist ganz an das Fenster gerückt; der Tisch steht in der Mitte, rechts und links je ein Divan.

Erster Auftritt.

Soufflé und ein Bedienter (tragen durch die Thür einen dritten Divan herein); zwei andere Diener (ländlicher gekleidet, folgen mit einem vierten).

Soufflé (den Divan rechts niedersetzend). Hier! — So! — Den vierten stellt ihr da drüben neben den ersten. Jetzt ist das ganze vierblättrige Kleeblatt beisammen, und das römische Gastmahl, das Triclinium kann beginnen.

Bedienter. Was heißt das: Triclinium?

Soufflé. Wenn im Alterthum vier vornehme junge Leute — etwa wie die vier Herren, die heute bei uns zu Gast sind — sich nach der Mahlzeit toll und voll saufen wollten, so legten sie sich auf Kissen und nannten das „die vier Zecher" oder „Triclinium". Tri: vier; Clinium: der Zecher; Triclinium: die vier Zecher.

Bedienter. Gut; dergleichen muß dem Menschen gesagt werden. Und grade so wollen es heute unsere Herren machen?

Soufflé. So wollen sie's machen; nur mit dem Unterschied, daß sie sich schon vorher betrinken. Sie sitzen im Garten unter dem großen Ahornbaum und essen, und trinken dazu; und ich bediene sie, und sie machen Witze mit mir.

Bedienter. Wie, — unser Herr Molière auch?

Soufflé. Molière? Nein. Der sitzt in seinem Zimmer, trinkt ein Glas Milch und schreibt seine Comödie, und wenn er nicht weiter kann, ruft er mich herein, um mir das vorzulesen, was er geschrieben hat.

Bedienter. Du Narr! Damit du ihm helfen sollst?

Soufflé (sich in die Brust werfend). Nein; aber damit ich ihn beurtheile. Soufflé, sagte er heut zu mir, wenn sogar dir diese Scene einen Eindruck gemacht hat, so ist sie gerettet. — „Gerettet", sagte er und entließ mich (theatralisch nachahmend) mit dieser Handbewegung.

Bedienter. Du bist ein verteufelter Kerl! — Laßt uns gehn, Leute. Da kommt schon Einer vom Triclinium.

Zweiter Auftritt.

Die Vorigen, Marcel.

Marcel (tritt hinten in die Thür; das Gesicht von Wein geröthet, den Hut auf dem Kopfe). Heda, Soufflé! Wo bleibt Monsieur Chapelle? Wo bleibt unser Ganymed?

Soufflé. Was für ein Ganymed, Monsieur?

Marcel. Nun, nun, — der junge Herr mit dem zarten Gesicht —

Soufflé. Ah, der junge Monsieur Alfred! — Der ist fort; verschwunden; verduftet.

Marcel. Wohin?

Soufflé. Niemand weiß es. Als ich vor einer oder zwei Stunden durch den Garten ging, um unter dem großen Ahornbaum Alles herzurichten, kam mir Monsieur Alfred auf einmal entgegen gelaufen; und ganz sonderbar lief er. Wohin, wohin? fragt' ich. Da blieb er stehn, und gleich darauf seitwärts hinter die Buxbaumhecke — in dieser Bewegung, Monsieur —; und seitdem hatte ich die Ehre, ihn nicht wiederzusehn.

Marcel. Aber Chapelle, Chapelle?

Soufflé. Als ich dann vom Ahornbaum zurückkam, begegnete mir auch Monsieur Chapelle; aber er hatte nicht die Ehre, mich zu bemerken. Er sah sehr tiefsinnig vor sich hin, oder in die Luft, und bewegte zuweilen die Hand an seinen Kopf, — so. Dann ging er die Allee entlang nach der Seine zu, und ich in das Haus zurück.

Marcel. Und seitdem habt Ihr ihn nicht wiedergesehn?

Soufflé. Seitdem hat ihn kein menschliches Auge wiedergesehn! Ich habe vorhin auch Madame Molière vergebens gefragt —

Dritter Auftritt.

Die Vorigen, Madeleine.

Madeleine (sieht vorsichtig zum Fenster herein; dann ruft sie). Soufflé!

Soufflé (sich herumwendend). Was giebt's?

Madeleine (steigt zum Fenster herein). Wo ist Madame?

Soufflé. Ei, wie seht Ihr aus, Monsieur Alfred? Eure Schuhe, scheint es, haben im Lehm gesteckt.

Madeleine. Mag sein.

Soufflé. Ihr habt Euren Degen verloren.

Madeleine. Ich hab' ihn verloren, ja. Wo ist Madame?

Soufflé. Madame? Wo wird sie sein —

Duval (ruft von draußen, aus dem Garten). Soufflé!

Soufflé (schreit). Ich komme! — Soufflé hier und da; Soufflé überall!

Marcel. Die Herren werden verdursten, Soufflé; vorwärts, vorwärts!

Soufflé. O, ich laufe, Monsieur! (zu den andern Bedienten) An die Arbeit, Bursche; — Einer geht mit mir.

Duval (draußen). Soufflé!

Soufflé. Schon gut! (Winkt den Bedienten mit theatralischen Geberden, zu gehn; alle vier ab, Soufflé und noch einer nach hinten, die beiden andern nach links.)

Marcel. Warum laßt Ihr uns im Stich, Ganymed? Wo treibt Ihr Euch herum?

Madeleine. Ich hatte einen Gang für meine Cousine zu machen. Sobald ich eine Minute mit ihr gesprochen habe, komm' ich in den Garten.

Marcel. Ihr seht so verstört aus. Während wir draußen alle unsere Sorgen wie junge Katzen ertränken, untersucht Ihr, (mit einem Blick auf Madeleine's Schuhe) wie tief der Lehm dieser Gegend ist! — Habt Ihr Chapelle nicht gesehn?

Madeleine. Nein, Monsieur.

Marcel. Aber Ihr kommt mir nach? Ihr tretet Euer Amt wieder an?

Madeleine. Ich komme.

Marcel. Ich empfehle Euch den Burgunder!

Duval (draußen). Marcel!

Marcel. Der Burgunder ruft; auf Wiedersehn! (Geht nach hinten ab.)

Vierter Auftritt.

Madeleine, dann Armande.

Madeleine (nach einer Pause). Ich muß, ich muß mich fassen! — Mein Herz schlägt noch so rasch, so überlaut. Und wenn er in diesem Augenblick wieder hereinträte! (Sieht sich aufgeregt um.) Fassung, Fassung, Fassung, Madeleine! Du siehst, er tritt nicht herein. Und wenn auch, man muß darum nicht den Kopf verlieren! (sich trotzig zusammennehmend) Ich habe mich aus der Rolle bringen lassen; aber ich will wieder hinein. Was geht diese Chapelle mich an? Warum zittre ich so vor ihm? Warum war ich so ein Kind, mich zu vergessen? (schwermüthig vor sich hin starrend) Mein Gott, was geht es mich an, daß er so unsittlich ist?

Armande (tritt von links ein). Madeleine!

Madeleine (fährt einen Augenblick zusammen). Ah — Ihr seid's!

Armande. Du hast nach mir gefragt. Sieht man dich endlich wieder? Wo hast du die ganze Zeit gesteckt, du wunderliches Kind?

Madeleine (sucht zu lachen). In den Kleidern, Tante!

Armande. Soll ich dir etwas sagen, Madeleine?

Madeleine (mit künstlicher Heiterkeit). Ich bin ganz Ohr!

Armande. Ich höre vorhin von Pierre, daß Chapelle dich malt. Als ich dann in dieses Zimmer trete, um euch Gesell=schaft zu leisten, finde ich das Nest leer; dein Bild am Boden, dein Barett desgleichen, und in einer reizenden Verfassung, — und Monsieur Chapelle und Mademoiselle Madeleine sind spur=los wie ein paar Sommerwölkchen verschwunden. Was denke ich mir dabei? ·

Madeleine. Daß Mademoiselle Madeleine das Malen lang=weilig fand und sich davon machte, um spazieren zu gehn; und daß Monsieur Chapelle dann wahrscheinlich für gut fand, seine lebensmüden Grillen gleichfalls in die Luft zu führen.

Armande. Und das zerknitterte Barett?

Madeleine. Ja, Ihr habt Recht, — darüber müssen wir ihn zur Rede stellen.

Armande, (sieht ihr forschend ins Gesicht). Du Comödiantin! — Was habt ihr Beide mit einander gehabt? Was ist vorgefallen? Sind dem Vogel die falschen Federn schon ausgerupft?

Madeleine. Ah, Tante, was glaubt Ihr! Ich mich so früh entlarven lassen! — O nein, o nein; ich gedenke noch erst mein Meisterstück zu machen.

Armande. Aber wie erklär' ich mir, Madeleine —

Madeleine (leise). Still! Der Oheim.

Fünfter Auftritt.

Die Vorigen, Molière.

Molière (erscheint oben auf der Treppe, sieht die Beiden und bleibt stehn).

Madeleine (leise). Seid kokett, Tante; ich beschwöre Euch! Seid über über die Maßen kokett. Täuschen wir ihn, meine schöne Tante.

Armande (leise). Du kleiner Dämon! — (laut, mit etwas schmachtendem Lächeln) Ich kann nicht Alles glauben, Cousin, was Ihr mir da sagt!

Madeleine (mit gezierter Galanterie). Und warum nicht, meine schöne Cousine? Daß Ihr reizende ·Augen habt, daß Eure

Hände Feenhände sind, und daß es in unsrer ganzen Provinz keine so vollkommene Dame giebt?

Armande (sieht Madeleine kokett von der Seite an). Es scheint, das Schmeicheln lernt man nicht blos in Paris!

Madeleine. Ah, auch in der Provinz weiß man von Euren Eroberungen! Man weiß, wie Ihr dem ganzen Hof den Kopf verdreht habt, als Ihr als Prinzessin von Elis, bei den großen Theaterfesten, alle Eure hochgeborenen Zuschauerinnen überstrahltet! Wie Euch die Prinzen und Grafen zu Füßen gelegen haben, und wie Euer Mann vor Eifersucht beinahe unsinnig wurde.

Armande (leise). Willst du wohl stille sein!

Madeleine. O, ich begreife Euren Mann vollkommen! Wenn ich Euer Mann wäre —

Armande (kokett). Ihr, kleiner Milchbart!

Madeleine. Ah, ich wäre kaum jung genug für Euch! Aber wenn ich Euer Mann wäre, — ich würde vor Eifersucht Jeden niederstoßen, der so vor Euch knieen würde, wie ich jetzt vor Euch kniee.

Armande (wendet sich wie verschämt ab). O nicht doch, nicht doch! Steht auf!

Molière (noch auf der Treppe, zornig). Das ist zu stark! (ruft laut) Cousin!

Madeleine (springt auf). O weh; man hat uns belauscht. (Wendet sich herum und begrüßt Molière übermüthig mit einer leichten Verbeugung.)

Molière (kommt die Treppe herunter, mit unterdrückter Wuth). Ihr habt Unglück mit mir, Cousin. Ich komme stets drüber zu, wenn Ihr vor meiner Frau auf den Knieen liegt.

Madeleine. Ob stets, das ist die Frage.

Molière. Man hatte Euch ersucht, Cousin, sich in diesem Punkt nach unsern Sitten zu richten!

Madeleine. Ich habe auch die Absicht, Cousin; aber die Sitten seiner Väter kann man nicht so in Einem Tage vergessen.

Molière. Ihr sagtet vorhin, daß Ihr Jeden niederstoßen würdet, den Ihr vor Eurer Frau auf den Knieen fändet.

Madeleine. Ja, als unbesonnener junger Mann hab' ich das gesagt.

Molière. Wenn ich mir nun an Eurer Denkweise ein Bei=
spiel nähme?

Madeleine. So würde ich Euch für einen eifersüchtigen
Greis halten.

Molière (auffahrend). Ihr seid sehr dreist, Cousin!

Madeleine. Ich sage meine Meinung, Cousin.

Molière. Junger Mann, Ihr mißbraucht die Gastfreund=
schaft! Ihr seid ein Verwandter meiner Frau, aber ein uner=
zogener Mensch. Ich werde Euch zu Euren Eltern zurück=
schicken, damit sie Eure Erziehung vollenden!

Madeleine. Das ist nicht nöthig; meine schöne Cousine
hat dieses Amt übernommen.

Molière (mit einem zornigen Blick auf Armande). Eben diese
Erziehung wünsch' ich nicht! Die Gesellschaft Eurer Mutter,
denk' ich, wird Euch nützlicher sein!

Madeleine. Aber nicht angenehmer.

Molière. Dann um so nothwendiger!

Madeleine. Ich kann die Nothwendigkeit nicht einsehn,
Cousin.

Molière (immer aufgeregter). Aber ich, Cousin! — Ihr
werdet mich zwingen, Eure Eltern von Eurer Aufführung zu
unterrichten.

Madeleine. So kann ich Euren Brief auch selber besor=
gen, Cousin.

Molière. Desto besser, Cousin! — Wann wünscht Ihr ihn
mitzunehmen?

Madeleine. Ich denke, morgen, Cousin.

Molière. Er soll zur rechten Zeit geschrieben sein! — Ich
bitte, mich Euren Eltern gehorsamst zu empfehlen!

Madeleine. Ich werde es ausrichten, Cousin.

Molière. Ich danke Euch! — — Armande!

Armande (die ihn mit halbverstecktem Lächeln ansieht). Was be=
liebt?

Molière. Warum lächelt Ihr?

Armande (tritt dicht an ihn heran; halblaut). Ihr seid außer
Euch, mein Freund!

Molière. Warum lächelt Ihr?

Armande (wie oben). Ihr sinkt bis über die Ohren in Euren
Fehler zurück! Ihr vergeßt, was ich Euch gesagt habe, Molière.

Molière (leiser). Und was thut Ihr?

Armande. Ich? — Ich sehe, daß Ihr die Probe nicht besteht. Ihr seid auf diesen Knaben eifersüchtig. Einem Kind gegenüber verliert Ihr Eure Fassung, Eure Würde. Erlaubt mir, daß ich gehe, um mich statt Eurer zu schämen.

Molière. Armande!

Armande. Ich gehe! — Ihr seid zum letzten Mal gewarnt, Molière! (laut) Auf Wiedersehen, Cousin! (Geht hastig nach links ab.)

Sechster Auftritt.

Molière, Madeleine.

Molière (für sich). Sie geht, — sie geht, um sich statt meiner zu schämen. — Bei Gott, es ist wahr, ich bin ein galliger, giftblütiger alter Narr. Die Milch, die ich trinke, geht mir noch nicht ins Blut! — Eifersüchtig auf diesen Knaben! (Madeleine betrachtend, die am Tische steht und mit den Fingern auf die Weingläser trommelt.) Ein lecker, übermüthiger, — geistreicher Bursche. Ueberreif für sein Alter, für sein Mädchengesicht. (nach einer kleinen Pause.) Cousin!

Madeleine (mit einer halben Wendung). Cousin!

Molière. Wir sind vorhin etwas an einander gerathen.

Madeleine. Das macht nichts, Cousin.

Molière. Wenn ich meinen Brief erst übermorgen schreiben sollte, so werdet Ihr Geduld haben, denk' ich.

Madeleine. O, mir eilt es nicht!

Molière. Ihr habt eine rasche Zunge, Cousin. Man merkt, daß Ihr aus der heißblütigen Provence seid.

Madeleine. Eure Zunge ist doch noch schneller, Cousin.

Molière. Ich danke Euch für die Anerkennung. Das macht unser Metier! (Tritt an den Tisch, schenkt zwei der Gläser voll Wein.) Trinken wir einmal auf die Verwandtschaft, Cousin. (Sie stoßen an.) Ihr habt so ein Wesen, als wenn unser Metier Euch auch nicht übel zu Gesichte stehen würde! Ihr führt einen schneidigen, dramatischen Dialog.

Madeleine. Ich bilde mich nach Euch.

Molière (setzt sich). Wie versteht Ihr das? Habt Ihr denn meine Stücke spielen sehn?

Madeleine (ſetzt ſich ihm gegenüber). Einige. Andre hab' ich geleſen.

Molière. Ihr intereſſirt Euch für dergleichen Sachen?

Madeleine. Ein wenig. — Man hat mir gerathen, auf die Bühne zu gehn und ein zweiter Molière zu werden.

Molière (lacht). Wirklich! — (ernſthafter) So rath' ich Euch, dieſem Molière wenigſtens nicht in allen Dingen nachzueifern; ſonſt würdet Ihr Euch das Leben früh verleiden, Couſin.

Madeleine (trinkt). Ich höre, Ihr ſeid ein Hypochonder, Couſin.

Molière (mit gutmüthigem Humor). Habt Ihr auch ſchon davon gehört? — Die Leute nennen es ſo. Es iſt ein häßlicher Zuſtand, Couſin; man wird dabei lebensſatt.

Madeleine. Ihr müßt junge Leute um Euch haben, Couſin, die Euch jung erhalten. Ich ſollte nur immer in Eurer Nähe ſein; ich wollte Euch ſchon wieder lebensluſtig machen.

Molière (lächelnd). Glaubt Ihr! — Ihr ſeid ein drolliger Kamerad. (ihn mit Wohlgefallen betrachtend) Wenn man ſo ausſieht wie Ihr, da kann man wohl noch lebensluſtig ſein!

Madeleine. Ihr ſeid der große, berühmte Molière; das iſt auch etwas.

Molière. Ihr ſeid ſehr gütig, Couſin! — Aber was hilft das; während man in Frankreich von mir ſpricht, fange ich in meinem Zimmer Grillen.

Madeleine. Ihr habt eine ſchöne junge Frau.

Molière. Die Ihr ſo hübſch unterhaltet! Aber ich — ich langweile ſie.

Madeleine. Weil Ihr ſie wie einen Mann behandelt, und nicht wie eine Frau. Frauen wollen ein wenig gehätſchelt, ein wenig verzogen ſein; dann ſind ſie dafür wie die Engel.

Molière Ei, ei, kennt Ihr ſie ſchon ſo genau? Man höre dieſen Philoſophen reden! Wo habt Ihr Eure Frauenſchule durchgemacht?

Madeleine. Ich? Ich kenne mich ſelbſt — — (Sie bricht ab und legt ſich die Hand auf den Mund.)

Molière. Wie ſo? Was thut das zur Sache?

Madeleine (ſich faſſend). Ich kenne mich, wie gern ich mich lieben und hätſcheln laſſe, und bin doch ein Mann; — und nun gar eine Frau!

Molière (vor sich hin starrend). Ja, sie wollen den ganzen Tag umkos't sein, wie Blumen von Schmetterlingen; — und man hat doch täglich nur Einen Tag für Alles.

Madeleine. Nicht doch; das wollen sie nicht! Sie wollen nur, daß man sie nie vergißt. Daß man von jeder Last des Tages gern zu ihnen zurückkehrt; daß man für sie noch einen kleinen Ueberschuß von Frohsinn auf den Lippen hat, den ihr Kuß dann zum Lohn verzehnfacht. Sie wollen zuweilen ein wenig angebetet sein, weil sie selber anbeten —

Molière (aufstehend, verwundert). Gottes Tod, was sagt Ihr da alles? Wie kommen Euch diese Dinge?

Madeleine (ist erschrocken, faßt sich; lächelnd). Ich las das alles einmal in einem Buch, und habe ein gutes Gedächtniß.

Molière. Ihr sagtet es mit einer so zarten Stimme! Wem spracht Ihr es nach?

Madeleine. Irgend einer Frauenseele, die ich mir vor= stellte. (Sie greift rasch zu ihrem Glas und stößt an das Molière's an; drollig übermüthig wie früher) Es leben die Frauen, Cousin!

Molière. Ich trinke nicht mehr, Cousin.

Madeleine. Ihr müßt! Soll ich auf das Wohl Eurer Frau trinken, ohne daß Ihr mir Bescheid thut?

Molière (da sie ihn erwartend ansieht, lächelnd). Man kann Euch, wie es scheint, nichts abschlagen! (Stößt an und trinkt.) Es lebe Eure schöne Cousine.

Madeleine. Ihr fangt schon an mir zu gefallen, Cousin! (Chapelle ist hinten in die Thür getreten, den Hut auf dem Kopf, und be= trachtet die Beiden sehr verwundert.)

Molière (mit Humor). Findet Ihr?

Madeleine. Eure Hypochondrie wollte ich Euch schon austreiben! — Versucht es nur einmal, gegen Eure schöne Frau recht zart, recht heiter, recht liebenswürdig zu sein.

Molière (lächelnd). Ich will's versuchen, Cousin! — Lebt jetzt wohl; ich habe noch ein wenig zu schreiben.

Madeleine. Ich glaube, wir verstehn uns! — Trinken wir noch eins. Es lebe das Leben, Cousin!

Molière (stößt heiter an und trinkt). Ihr macht einen jungen Narren aus mir. Auf Wiedersehn, mein kleiner Provençale!

Madeleine (gibt ihm die Hand). Lebt wohl! (Molière ab nach links.)

Siebenter Auftritt.

Madeleine, Chapelle.

Madeleine (sieht Molière mit triumphirendem Lächeln nach; dann wendet sie sich nach hinten der Treppe zu, erblickt Chapelle und steht erschrocken still).

Chapelle (nach vorne kommend). Guten Abend, Alfred! Ich finde Euch hier ja sehr vergnügt beim Wein, und als Verführer des Alters.

Madeleine (sich aus ihrer Verwirrung aufraffend). Ihr habt gehorcht, wie es scheint?

Chapelle. Ein wenig! — (für sich, aufgeregt) Ich komme wahrhaftig von Sinnen; dieser Mädchen-Knabe macht mich wieder irre! Wie er da neben Molière stand und plauderte und trank — dieser Uebermuth — dieses Knabenthum —

Madeleine (für sich). Er soll wieder zurück in die Täuschung, — und wie sehr ich auch zittre! (laut) Nun, habt Ihr Euch jetzt beruhigt, Monsieur Chapelle? Oder werdet Ihr mich noch einmal aus dem Fenster jagen?

Chapelle (für sich). Diese Fassung! — Aber vorhin die Thränen! — — Mein Gott, dies ist der seltsamste Tag meines Lebens: verliebt, sterblich verliebt, und ich weiß nicht, in was oder wen!

Madeleine. Soll ich Euch noch etwas sagen, Monsieur Chapelle?

Chapelle (sich zusammennehmend). Ich bitte sehr!

Madeleine. Es ist etwas dreist.

Chapelle. Nur zu!

Madeleine. Ihr könnt den Wein nicht vertragen. Er bringt offenbar seltsame Phantasieen in Eurem Gehirn zuwege. Solche, wie die vorhin.

Chapelle. So! — Ihr meint die Phantasie, Euch für ein Mädchen zu halten?

Madeleine. Ja, eben die. Es war ein sonderbarer Einfall, mich so mir nichts dir nichts um ein Geschlecht begrabiren zu wollen!

Chapelle. Nennt Ihr das begrabiren?

Madeleine. Ich für meine Person finde es noch nicht unmännlich, mich gegen lasterhafte Grundsätze zu ereifern!

Man hat mich auch nie gelehrt, daß wir Männer ein Vorrecht
hätten, mit den Frauen zu spielen.

Chapelle. Wir Männer! Hm!

Madeleine. Und ferner hab' ich Euch n o ch Etwas zu
sagen, Monsieur.

Chapelle. Sprecht Euch völlig aus, junger Sittenrichter.

Madeleine. Ich liebe es nicht, daß mich Jemand wider
meinen Willen berührt. Und wenn Ihr Euch noch einmal das
Vergnügen machtet, mich wie einen kleinen Jungen einzuschließen,
so würde ich Genugthuung von Euch fordern.

Chapelle. Fordern! Oho! Ihr werdet ja früh gefährlich.

Madeleine. Ich wünsche nur die Behandlung, die mir
zukommt.

Chapelle. Schon gut, schon gut! (für sich) Wie reizend
der Trotz ihm steht! Bei Gott, ich muß endlich · erfahren,
woran ich bin, — so oder so! (Geht mit plötzlichem Entschluß ans
Fenster und rückt die Staffelei weiter ins Zimmer hinein.)

Madeleine. Was wollt Ihr?

Chapelle (mit scheinbarer Ruhe). Ich dächte do h, daß wir die
unterbrochene Sitzung wieder aufnähmen?

Madeleine. Jetzt?

Chapelle. Jetzt. Ich verspreche Euch, mein stolzer junger
Freund, Euer Selbstgefühl nie wieder zu verletzen. Ich will
nur noch den Rock und die Haare fertig machen; erlaubt Ihr das?

Madeleine (für sich, etwas verwirrt). Was will er? (laut)
Es ist spät! Es wird dunkel.

Chapelle (die Stühle setzend). Es beginnt erst eben zu däm-
mern. Das ist die poetischeste Stunde. Kommt und setzt Euch,
mein junger Mars.

Madeleine (zögert verwirrt; setzt sich). Die Herren da draußen
werden Euch erwarten.

Chapelle (nimmt Pinsel und Palette, fängt sogleich eifrig und aufgeregt an zu malen). Laßt sie warten! Die Drei trinken wohl
auch für Vier.

Madeleine (bekommen). Ich weiß nicht, wo das Barett
geblieben ist?

Chapelle (immer malend). Wir brauchen kein Barett. Das
Barett stört nur; — die Wahrheit über Alles!

Madeleine. Wie versteht Ihr das? (da Chapelle schweigt)
Was wolltet Ihr damit sagen?

Chapelle. Ich mache ein künstlerisches Experiment, mein
Freund! Eine Laune, eine Künstlerlaune! Ich versuche auf eine
neue Art dem großen Schöpfer der Schönheit in die Karten
zu sehn.

Madeleine. Ich finde Euch sonderbar aufgeregt! — Was
versteht Ihr darunter, „dem Schöpfer in die Karten zu sehn?"

Chapelle. Nichts, als was jeder Maler darunter versteht,
mein Freund! — Ich bin zwar keiner von den Großen, bin
nur ein erbärmlicher Stümper; aber Jeder sucht auf seine Weise
hinter die Wahrheit zu kommen, — das Urbild zu enthüllen!
Ich möchte Euch so treffen, daß, wenn Ihr hernach vor das
Bild tretet, Ihr ganz erschrocken ausruft: ja, das bin ich.

Madeleine (die unruhig hin und her rückt). Mein Gott, was
führt Ihr für Reden? Warum soll ich erschrecken? — — Ihr
malt so hastig.

Chapelle. Weil ich noch Licht in die Sache bringen muß,
eh es dunkel wird! — O ich bitte, sitzt ruhig.

Madeleine (in wachsender Aufregung). Darf ich nicht sehn,
was Ihr malt?

Chapelle. Noch nicht! noch nicht! Ihr habt eine gar zu
kurzathmige Geduld, mein Freund. Ihr müßt mir Zeit lassen,
meine neue Methode durchzuführen.

Madeleine. Es dunkelt sehr!

Chapelle. Laßt es dunkeln! Ich kümmere mich heute nicht
um Kleinigkeiten; für meine grobe Methode sehe ich noch genug.
Seht Ihr, ich fege nur so auf der Leinwand herum; nichts als
rohe, breite Pinselstriche, — nichts als Andeutung, Idee!

Madeleine (für sich). Was bedeutet das alles? Was will er?
(Sie steht plötzlich auf und sucht von der Seite auf das Bild zu sehn.)

Chapelle (sie abwehrend). Nicht doch! Sitzen bleiben! Ihr
seid ein junger Mann; darf ein junger Mann so neugierig sein?
(Madeleine setzt sich wieder hin.) Ob ich's getroffen habe, entscheidet
Ihr schon hernach! (hastig malend) Rock, Barett, Kragen, Haare,
— Alles war falsch. Weg mit dieser Entstellung; (das Bild be-
trachtend) nun seid Ihr erst reizend!

Madeleine (für sich). Ich muß es sehen; ich muß!

3

Chapelle (für sich). So wahr ich lebe, ich habe die Wahrheit gemalt! (Er betrachtet Madeleine mit einem aufgeregt beobachtenden
Blick, ein paar Schritte zurücktretend.)

Madeleine (springt auf, tritt plötzlich hinter das Bild; stößt einen
matten Schrei aus) Oh! — Das Bild einer Frau.

Chapelle. Nicht wahr, Ihr erkennt Euch? Ich hab' Euch
mit diesen wenigen Strichen nach der Natur vollendet? — So
lang' ich Euch (auf Madeleine deutend) in dieser Scheingestalt vor
Augen hatte, konntet Ihr mich täuschen; (auf das Bild zeigend)
diesem Urbild gegenüber täuscht Ihr mich nicht mehr!

Madeleine (ganz außer Fassung). Ihr habt — (Wendet sich ab,
will fort.)

Chapelle (ihr nach). O nein; so entgeht Ihr mir nicht!
Mein Fräulein — Wer Ihr auch seid! — Alfred! — Bei
Gott, ich weiß nicht, wie ich Euch nennen soll!

Madeleine. Laßt mich — Laßt mich gehn! (Sie verbirgt
ihr Gesicht in den Händen.)

Chapelle. Mein holdes Fräulein, — verzeiht mir! Kann es
Euch kränken, daß ich Euch zu enträthseln suchte? Ihr seid das
reizendste Geheimniß, das es giebt; mußt' ich Euch nicht enthüllen? — Seht mich an; zeigt mir auf einen Augenblick Euer
Mädchengesicht! So wahr ich Euch da eben ein Damenhäub-
chen und eine Brustschleife nach der neuesten Mode gemalt
habe, so wahr liebe ich Euch, so wahr bete ich Euch an, —
und so wahr müßt Ihr, mich erhören!

Madeleine (wendet sich plötzlich um und sieht ihn groß an).
Meint Ihr? Scheint Euch das so gewiß? — Wollt Ihr Euch
mir nicht auch zu Füßen werfen?

Chapelle. Wenn Ihr es begehrt, mein holder Ganymed, —
wer Ihr auch seid! Bei Gott, ich liebe Euch sehr —

Madeleine (heftig). Steht auf! Steht auf! — Ich will
Euch nicht knieen sehn! — Was wollt Ihr von mir?

Chapelle (aufstehend). Was ich von Euch will? — Euch;
Euer ganzes Ich gegen meins! Wenn Ihr einen Blick in mein
Herz werfen wolltet — So wahr ich lebe —

Madeleine (mit bebender Stimme). Still! Ihr müßt im
Kopfe verwirrt sein, wenn Ihr nach Euren Bekenntnissen von
vorhin mir Euer Herz anzutragen wagt! Ein Mann, der so
von Meinesgleichen denkt — so von seinen Abenteuern spricht —

so viel von Liebe versteht — der erdreistet sich, mir von seinem Herzen zu reden!

Chapelle (betäubt). Tod und Hölle —

Madeleine. Lieber mich selbst einem Taglöhner antragen, der es noch nicht verlernt hat, die Frauen zu achten, als mein Gefühl an so einen herzlosen Spötter wegzuwerfen — der ein großer Geist sein mag, aber ein Mensch, den ich hasse!

Chapelle (außer sich). Den Ihr haßt! — Und wer seid Ihr, mir das alles zu sagen?

Madeleine (stolz). Ein Mädchen, das vor Niemand zu erröthen braucht! Denkt von mir, was Ihr wollt; (in veränder- tem, leidenschaftlichem Ton) ich will nichts von Euch — ich kenne Euch nicht! Ich lache über Euer verliebtes Herz — (mit zerfließender Stimme) das einen Augenblick — — (Sie bricht ab, fängt an zu schluchzen; wendet sich rasch, um zu gehn.)

Chapelle. Mein Fräulein!

Madeleine. Lebt wohl! (Eilt nach links hinaus.)

Achter Auftritt.

Chapelle allein, dann **Marcel**, **Duval**, **Delatour**, **Soufflé**, **Bedienter**. (Es ist völlig dunkel geworden.)

Chapelle (sieht ihr fassungslos nach; dann mechanisch wieder- holend). Das einen Augenblick — — (wie aus einer Betäubung er- wachend) Wer bin ich? — Das alles mir? — Heruntergekan- zelt von einem Mädchen, wie ein Schulknabe — ich, Chapelle? Alle Teufel, wer bin ich denn? Ein sprachloser Tölpel, ein Narr, ein Wicht, ein elender Wicht — (Stößt in plötzlicher Wuth gegen die Staf- felei, daß das Bild auf die Erde fällt, und schleudert es mit dem Fuß bei Seite.) Darum eilte es mir so sehr, dieses schöne Räthsel zu lösen — (wild auflachend) Es ist vollkommen gelöst! Die Sphinx hat sich verflüchtigt, ich habe meinen Lohn, — und das lustige Leben kann wieder von vorne beginnen!

Marcel (tritt mit Duval und Delatour von hinten ein, alle drei in verschiedenen Stadien der Trunkenheit; Soufflé folgt mit einem bren- nenden Armleuchter, der Bediente mit mehreren Flaschen*). Sieh da, sin-

---

*) Für die Darstellung der folgenden Scene wird es kaum der Be- merkung bedürfen, daß jede Uebertreibung vermieden werden muß. Chapelle's betrunkene Freunde dürfen keinen Augenblick den Charakter gebildeter Män- ner verlieren, denen der Rausch wohl einen komischen, aber keinen wi- derwärtigen Anstrich geben kann.

ben wir endlich den entflohenen Verräther wieder! — Bei
Christi Blut, Alles läßt uns im Stich; der Hypochonder Molière
will schon schlafen gehn, unser kleiner Ganymed läßt sich nicht
blicken — — Wo hast du den jungen Bösewicht gelassen,
Chapelle?

Chapelle (auffahrend). Was weiß ich? Soll ich dieses Knaben Hüter sein? — — Was wollt ihr hier?

Marcel. Was wir hier wollen? Trinken! Schau dir diese
klassischen Lagerstätten an, Chapelle —

Duval (ihn unterbrechend, mit gemüthlich trunkenem Lachen). Eine
Idee von Marcel! Da es draußen kühl wird, wollen wir uns
hier vollends bedionyseln, und bann gleich auf dem Schlachtfeld
schlafen gehn! (zu Delatour, der sich an den Tisch gesetzt hat und sehr
melancholisch vor sich hin sieht) Pfui, ermuntre dich, Delatour. Du
scheinst schon wieder bereit, über dein Schicksal zu weinen.

Marcel. Es soll eine altrömische Nacht werden, Chapelle,
— so gut man's in diesem erbärmlichen Jahrhundert haben
kann! — He, Wein her! Dieser ernste Phantast da (auf Chapelle
zeigend) ist um eine Meile Weges hinter unserm Rausch zurück;
er muß in Eilmärschen nach. (Nimmt dem Bedienten eine Flasche
aus der Hand, schenkt ein.) Trink, trink eins, Chapelle! —
Was, bist du schon wieder melancholisch, du Nichtsanbeter?
Hast du uns barum herausgehetzt, um uns hier wie ein weiner-
licher Verräther im Stich zu lassen? (indem er ihm zärtlich eine
Hand auf die Schulter legt) Was? soll denn der große Cicero des
Humors, der Demosthenes der Heiterkeit nicht mehr lachen
können?

Chapelle (sich gewaltsam aufraffend) Ich nicht mehr lachen?
Wer sagt mir das nach? — Warum sollt' ich nicht mehr
lachen können? Was hätte man mir angethan, weshalb ich nicht
lachen kann? (Nimmt ein Glas, stürzt es hinunter, und stößt es dann
so heftig auf den Tisch nieder, daß es zerbricht.)

Duval. Oho! Du wirst ja wieder feurig, Chapelle!

Chapelle (krampfhaft lachend). Scherben! — Alles in Scherben! — — Der Wein ist matt; gebt mir ein heißeres, lusti-
geres Getränk — Ich will trinken, trinken, trinken. Ein Fäß-
chen Lethe, wenn ihr es auftreiben könntet! (Marcel schenkt ihm
aus einer andern Flasche in ein andres Glas; er stürzt es wieder hinunter.)

Delatour (zu Souflié, melancholisch). Entferne dich, mein

Freund; ich kann dein Gesicht nicht sehn. (zu dem andern Bedienten) Entferne dich auch. Es ist mir besser, wenn ich euch
nicht sehe.

Marcel. Delatour kann euch nicht sehn; entfernt euch, laßt
uns allein! (Soufflé und der andre Lediente nach hinten ab. Marcel
schenkt wieder ein, nimmt selbst ein Glas; einen Arm um Chapelle legend,
zärtlich) Auf Alles, was wir lieben!

Chapelle (auflachend). Nichts da; das ist ein veralteter
Trinkspruch! Pfui, Marcel, — Bacchus und Amor, was für
ein albernes, ungleiches Gespann! wie Pegasus und ein Acker-
gaul! Der eine kriecht am Boden hin, der andre fliegt in
die Lüfte. Amor macht uns elend, Bacchus reißt uns wieder
in den Aether hinauf! — Trinkt aus, auf Bacchus! (Leert
wieder sein Glas.)

Duval (sich auf Chapelle's Arm lehnend). Ja, du hast Recht,
Bruder; die Liebe macht uns elend — Es lebe dieser göttliche
Lethetrank!

Marcel (auf Chapelle's andere Schulter gelehnt). Du bist der
achte von den sieben Weisen, Chapelle! Nein, keine Liebe mehr,
— nur Wein und Freundschaft! Wir sind — Wir sind hier
so gemüthlich beisammen, nicht wahr, Chapelle? wie vier gute,
ehrliche Gesellen! (sich umschauend) Warum kommt denn der
K l e i n e nicht, der Ganymed? Hat er so wenig Gemüth, Chapelle, daß er sich in dieser schönen Stunde wie eine menschen-
feindliche Eule vereinsamen kann?

Chapelle. Was geht der — Knabe uns an? Sind wir
nicht unsrer genug, um uns in den Himmel oder in die Hölle
zu trinken? — Trinken, Marcel! Warum trinkt ihr nicht?
Wollen wir denn ewig nüchtern bleiben? — Burgunder, Burgunder! (Tritt wieder an den Tisch, um sein Glas zu füllen, stößt Delatour an.) He, Delatour!

Duval. Bei Gott, Delatour weint wieder. Er giebt den
Wein, den er getrunken hat, als Augenwasser von sich.

Delatour. O Gott, was führen wir für ein Leben! —
Ich wollte, ich hätte ein anderes Leben geführt, — oder es
wäre vorbei.

Chapelle (mit grimmigem Lachen). Wir führen ein Götter-
leben, — beim Element! Ein Leben wie im Traum! (sich auf
den Tisch setzend, sein volles Glas in der Hand) O ich könnte euch

einen Traum erzählen, meine Freunde, den ich dieser Tage
geträumt habe; so ein Traum — ihr würdet von Herzen
lachen, wenn ihr ihn hörtet!

Marcel (setzt sich neben ihn; trinkt). Lachen? So erzähl' ihn.

Chapelle (nachdem er sein Glas geleert). Lachen, — und wie!
— Ich war wieder ein Junge geworden — es wird ein sehr
tugendsamer Traum, meine Freunde! — saß auf der großen
Wiese meines Vaters und pflückte mir unschuldige Marien=
blümchen und gute Vorsätze ab. Und eine kleine allerliebste
Fee saß mir gegenüber und sah mich sehr räthselhaft und sehr
tugendhaft an. Und darüber ward mir so weinerlich zu Muthe
wie Delatour — ich war wieder ein Knabe geworden, meine
Freunde! — und ich nahm das Feenkind bei der Hand und
kniete vor ihm und ersuchte es, mich in sein Feenreich mitzu=
nehmen. Da lachte es auf und sagte: Weißt du auch, wer
du bist und wer ich bin? Mein Freund, ich bin die Tugend
in Person, und bin stolz darauf, und komme geradeswegs vom
Himmel herunter! Aber du, du bist der wüste Chapelle, der Hans=
wurst Chapelle, der Lump Chapelle — pfui, pfui, pfui!
(Er springt auf, stürzt ein paar Schritte hinweg, bricht dann wieder in
krampfhaftes Lachen aus.) Ha ha ha! ein kindischer, tugendhafter
Traum! — Vereinigen wir uns, meine Freunde, — vereinigen
wir uns, daß es ein ungewöhnlich lächerlicher Traum ist!

Delatour. Ich find' es auch, und wollte, es wäre vorbei!

Marcel (auf den Boden stierend). Ich find' ihn deßhalb
lächerlich, weil er grade ebenso flach wie tief ist; — doch ich
glaube, das sind mehr oder weniger alle Gewässer. Laß dich
trotz alledem umarmen, Chapelle; du bist ein herziger Junge.

Chapelle (ihn abwehrend). Keine Zärtlichkeiten, Marcel!
Trinken, aber nicht lieben! Pfui, — die Liebe macht Seifen=
blasen und lächerliche Träume! — Stoßt an: auf den Unter=
gang dieser erbärmlichen Welt!

Delatour (melancholisch nickend). Chapelle, mein Philosoph!
— Gehn wir alle unter, das ist's, was ich sage!

Chapelle. Bei Gott, das Leben ist's nicht werth, daß
man sich die Mühe giebt, es zu erleben! Seht diesen Delatour
an: wozu sitzt er da? Wozu arbeiten wir uns so krampfhaft
ab, uns durch eine Flasche Burgunder zum Lachen zu kitzeln?
Morgen fallen wir um so tiefer in den Katzenjammer unseres

Nichts zurück und stöhnen über unser Dasein wie Delatour! — Wozu leben wir; was thun wir auf der Welt?

Marcel (setzt sich auf einen Stuhl). Ja, beim Jupiter, es ist der Mühe nicht werth.

Chapelle. Wer hat uns gefragt, eh wir auf die Welt kamen, ob wir uns auch ein Vergnügen daraus machen würden, zu er= scheinen? Als unförmliche Saugapparate bringt man uns ans Licht; man nudelt uns ins Leben hinein, so viel wir auch schreien und mit den Beinen zappeln; man schwemmt uns durch Ammenmilch auf, und dann überläßt man uns unserm Schicksal. Wenn wir endlich anfangen, über uns selbst nach= zudenken, so stehn wir mit Vor= und Zunamen, mit Mund und Nase, mit Armen und Beinen fertig gebacken da; nicht einen Ohrlappen kann man mehr nach seinen eigenen Wünschen umarbeiten. Man hat eine schlechte Verdauung, einen Höcker, oder eine kreischende Stimme, und wird aufgefordert, zu dem gütigen Schöpfungsact noch Bravo zu rufen! — Bei Gott, Marcel — ich bin dieser Posse müde.

Duval (sich an Chapelle anlehnend). O du hast Recht, du hast Recht!

Delatour. Machen wir der Posse ein Ende; gehn wir in die Seine!

Chapelle. Was ist denn an diesem erbärmlichen Leben, daß es besser wäre, als das Nichts? Da liegt man dreißig, vierzig Jahre lang auf der Lauer, um einen Augenblick des Glücks zu genießen, der nie herankommt! Als ich jung war und zum Springen geboren wie eine Heuschrecke, ließen sie mich meine Jahre auf der Schulbank versitzen und stopften mein unreifes Gehirn mit ausgebroschenem Stroh. Als ich dann herangezüchtet war und nach Freiheit lechzte, fingen sie an, mir von Herrendienst zu predigen, suchten mir den Rücken zu brechen, damit ich ge= schmeidig würde. Alles sollte ich sein, nur nicht das, was ich bin! Ein Narr mit Narren, ein Greis mit Greisen, aber nie= mals Chapelle!

Marcel (ganz in Melancholie versunken). O, und die Frauen!

Chapelle (fährt zusammen). Die Frauen! — Diese Ge= schöpfe, die das Nichts geboren hat, um uns vollends das Leben zu vergiften! die uns an irgend einen Abgrund hin= schmeicheln — und dann hinunter mit uns! — (sein Glas auf den Boden schleudernd) Beim Teufel, es ist genug! Ich habe das Leben satt.

Marcel. So wahr ich lebe, ich auch. Da hast Recht, Chapelle! (ihn umarmend, zärtlich-melancholisch) Da wir hier noch einmal so glücklich beisammen sitzen, — laß uns abreisen, Chapelle; wir kommen doch so vergnügt nicht wieder zusammen. Ertränken wir uns in Compagnie; die Seine fließt ja so nahe.

Duval (richtet sich auf). Parbleu, das ist wahr! Wir finden nie eine bessere Stunde, Chapelle, um als gute Freunde — und in guter Gesellschaft — und in guter Stimmung zu sterben.

Delatour (jämmerlich). Nehmt mich mit!

Chapelle. Gieb mir deinen Arm, Marcel! Du hast Recht, es lebe die Seine! (die Hand an der Stirn) Mir ist ohnehin so schlecht; — im Wasser, da wird mir besser. Kommt, kommt, meine Freunde!

Neunter Auftritt.
Die Vorigen, Soufflé.

Soufflé (ist von hinten wieder eingetreten, hat die letzten Reden gehört; erschrocken). Was heißt das, Monsieur Chapelle? Die Herren wollen zu dieser Zeit — im Dunkeln — direct in die Seine gehn?

Marcel (der sich an Chapelle's Arm, etwas taumelnd, nach hinten wendet). Ja, in die Seine, du Narr! Um dieses jämmerliche Dasein von uns abzuspülen; du kannst uns morgen die Leichenrede halten.

Duval. Komm, Delatour; häng' dich in meinen Arm! (Sie gehen alle vier nach hinten zu.)

Soufflé. Sie sind wahnsinnig! (sich vor die Thür stellend) Messieurs, Messieurs! Ich lasse Niemand hinaus!

Marcel (zieht seinen Degen). Mach Platz, oder ich spieße dich auf. (Soufflé springt bei Seite.)

Chapelle. Fort, du zähe, lebenslustige Kröte; — sitz' deine hundert Jahre Gefängniß ab, während wir weißen Mäuse hinausschlüpfen! — Kommt! (Alle vier hinaus.)

Zehnter Auftritt.
Soufflé, dann Madeleine und Bediente.

Soufflé. Mort de ma vie, sie sind wahnsinnig! (schreit)

Pierre! Jean! Didier! Monsieur Molière! Monsieur Alfred!
— Sie sind toll geworden; zu Hülfe! (läuft nach hinten und
schreit durch die offene Thür) Zu Hülfe, zu Hülfe! (Kehrt dann um
und läuft nach links hinein.)

Madeleine (kommt hastig die Treppe herunter). Um Gottes
Willen, was giebt's? Wer schreit so? — Alle fort; was ist
hier geschehn?

Soufflé (kommt von links mit einem der Diener zurück; ein zweiter
stürzt von hinten herein). Lauft, lauft, und ruft die ganze Nach=
barschaft zu Hülfe! Lauft, lauft, lauft!

Madeleine. Um des Himmels willen, was giebt's?

Soufflé. Nichts, als daß sie alle toll geworden sind und
sich in der Seine ertränken wollen! — Lauft, ihr Hallunken,
lauft! (Stürzt mit den andern Dienern nach hinten ab.)

Madeleine (vom Schrecken betäubt). Hab' ich denn das mit
diesen meinen Ohren gehört? — Sich ertränken? — Chapelle?
(plötzlich aufschreiend) Mein Gott! (eilt nach links an die noch offene
Thür) Armande! Monsieur Molière! Rettet sie, rettet sie! —
— Und indessen ich hier stehe und rufe, sterben sie — stirbt
er — (Stürzt nach hinten hinaus.)

Elfter Auftritt.
Molière.

Molière (von links, im Hausrock). Rief da nicht der Cousin?
— Und vorhin Soufflé? — Was geht hier vor; (sich umschauend) wohin hat die ganze Gesellschaft sich verlaufen? — Ich
saß so glücklich über meiner Arbeit; — dieser kleine Hexen-
meister, der Vetter aus der Provence, hatte mich so jung gemacht; ich war wieder Poet! Und ich freute mich im Stillen,
hernach mit meinem gelungenen Tagewerk zu Armande zu gehn!
— (Stellt sich hinten an die offene Thür, sieht hinaus.) Lärm —
Fackeln, Lichter! Gottes Tod, was giebt's? Ich höre die Stimme
Chapelle's; er eifert wie besessen. Sie kommen hierher. Alles läuft
durcheinander. Degenklingen! — Ah, da muß ich hinaus. (Will
eben durch die Thür, als ihm Soufflé und die Andern entgegenstürzen.)

Zwölfter Auftritt.
Molière, Soufflé, Bediente, Bauern, Chapelle, Marcel, Duval, Delatour,
zuletzt Madeleine.

Soufflé (zuerst eintretend, gleich hinter ihm Diener und Bauern).

Rettet uns, Monsieur! Sie tödten uns, sie ermorden uns, sie spießen uns auf! (Chapelle und Marcel folgen hastig mit gezogenen Degen, Duval und Delatour langsamer, gegen einander gelehnt. Die Verfolgten flüchten in den Vordergrund.)

Molière. Wer? — Was bedeutet das?

Marcel (zu Soufflé). Stirb, du nüchterner Hund von einem Schurken! (Soufflé flüchtet sich hinter Molière. Madeleine erscheint in der Thür und bleibt dort unbemerkt stehn.)

Molière (für sich, mit einem Blick auf die vier Betrunkenen) Ah — der Wein! — Hier gilt es, Comödie spielen! (laut) Was ist geschehen, Messieurs? Was haben euch diese Spitzbuben da gethan?

Marcel. Ventrebleu, die Elenden wollen uns verhindern, uns zu ertränken! Alle diese da — (indem er mit seinem Degen unsicher hin und her deutet).

Molière (erschreckend, für sich). Ertränken? Sie dachten im Ernst — — (Starrt sie alle an. Dann sich fassend) Das ist dreist, in der That! Wie kommen sie zu der Frechheit, euch daran hindern zu wollen?

Chapelle (sich an den Tisch lehnend). Du hast Kopf, Molière; laß mich dir die Sache erklären, und dann sage mir, ob wir Unrecht haben! Weil wir des Lebens müde sind, haben wir uns in das Gewässer hinter deinem Garten — wie heißt es —

Marcel. Haben wir uns in die Seine vertiefen wollen; und uns zu diesem Zweck —

Chapelle. In deinen Kahn gesetzt —

Marcel. Da kommen uns diese Schurken nachgelaufen, ziehen den Kahn zurück und schleppen uns ans Land, — die Bauernknechte! Bei meiner Ehre, Molière, müssen wir sie nicht dafür niederstoßen?

Molière (für sich). Die Wahnsinnigen! (rasch gefaßt, laut, in gespieltem Zorn) Wie! das haben sie gewagt? gegen euren ausdrücklichen Willen gewagt? (zu den Dienern und Bauern) Ihr Unverschämten! Auf der Stelle hinaus mit euch, ihr Spitzbuben, wenn ich euch nicht eigenhändig das Lebenslicht ausblasen soll! Ich finde euch sehr verwegen, euch einem so edlen Vorhaben zu widersetzen! Fort mit euch, fort! (Jagt Soufflé, die andern Diener und die Bauern links zur Thür hinaus.)

Marcel (seinen Degen hinter ihnen drein zückend). Fort, ihr Uebelthäter!

Molière (zurückkommend). Wie, meine Freunde! Und was habe ich euch gethan, daß ihr einen so schönen Plan faßt, ohne mich daran theilnehmen zu lassen? Was, ihr wollt euch ohne mich ertränken? Ich dachte, ich hätte b e s s e r e Freunde an euch.

Marcel (während Chapelle sich niedersetzt und vor sich hin stiert). Bei Gott, er hat Recht. Wir haben ihm ein Unrecht ange= than. — Komm, komm, mein Alter, und geh mit uns in die Seine.

Molière. Sachte, sachte! So etwas darf man nicht zu einer ungeschickten Stunde thun: bedenke, Marcel, es ist die letzte Handlung unsres Lebens! Mort de ma vie, die muß man würdig in Scene setzen. Wenn wir uns in diesem Augen= blick ertränkten, so würde man die Sache in ein übles Licht stellen. Man würde sicherlich sagen, wir hätten es bei dunkler Nacht wie Verzweifelte oder wie Betrunkene gethan. Nein, meine Freunde, wählen wir uns einen Moment, der uns mehr Ehre macht! Morgen früh, um acht oder neun Uhr, bei hellem Tage, ganz nüchtern, und frei vor aller Welt, — da gehn wir ans Ufer, wir Fünf, die wir da sind, und werfen uns kopfüber in den Fluß.

Marcel (stiert die Andern an). Auf Ehre, man muß seine Gründe billigen. Es läßt sich kein Wort dagegen sagen.

Duval. Es ist zum Tollwerden, Molière: du hast immer zehnmal mehr Verstand, als wir!

Delatour (der sich wieder gesetzt hat, kläglich). Lassen wir's bis morgen. Gehn wir zu Bett, denn ich sterbe vor Müdigkeit.

Molière (mit einem Blick auf die vier Divans). Wozu wollt ihr noch erst in eure Zimmer gehn? Hier ist ja Nachtquartier für euch alle: ihr könnt euren letzten Morgen nirgends besser heranschlafen. (Er wendet sich nach links; Madeleine, die noch hinten in der Thür steht, tritt hastig zurück und macht die Thür zu. Molière öffnet die Thür links, ruft halblaut:) Soufflé!

Soufflé (in die Thür tretend, möglichst versteckt, leise). Monsieur!

Molière (leise). Schlafdecken für die Herren. Du ver= schließest hernach die Gartenthür von draußen, und bleibst die Nacht über wach.

Soufflé. Soll geschehn, Monsieur. (Verschwindet wieder.)

Chapelle (fieht, wie mit wiedererwachendem Bewußtſein, im Zimmer umher, betrachtet die Staffelei und das umgeworfene Bild und ſeufzt tief auf. Dann ſetzt er ſich auf einen der Divans und ſtiert wieder bleich und melancholiſch auf den Boden).

Delatour. Bleiben wir hier; legen wir uns zu Bett. (Streckt ſich auf dem Divan gegenüber aus.) Gute Nacht; ich ſchlafe.

Marcel (mit einem andern Divan liebäugelnd). Delatour hat Recht! — Wie dieſes Polſter mich anlächelt! Ich ſchlafe ſchon perpendiculär; wie werd' ich erſt horizontal ſchlafen, und mit geſchloſſenen Augen! — Gute Nacht, Molière. Du biſt ein göttlicher Menſch, ich muß dich umarmen. (Umarmt ihn zärtlich, wird dann von Molière an den dritten Divan geführt und legt ſich hin.)

Duval (ſein auf dem Tiſch ſtehendes halbvolles Glas austrinkend). Nur der Ordnung wegen! (müde) Alſo auf morgen, Molière. Sorge für gutes Wetter; — für gutes Wetter. (Streckt ſich auf dem vierten Divan aus. Delatour fängt an, gelinde zu ſchnarchen.)

Soufflé (erſcheint wieder links in der Thür, mit Decken auf dem Arm; halblaut). Monſieur!

Molière (winkt ihm hereinzutreten; halblaut). Decke die Herren zu. (Nimmt Soufflé zwei von den Decken ab und breitet die eine über Marcel.)

Marcel. Du ſollteſt auch die Seine ein wenig heizen laſſen, Molière! — (ſingt vor ſich hin)

Und ſie ſprang hinab in den grünlichen Rhein,
Ihr Schmerz war groß, ihr Kind war klein . . .

(im Einſchlafen) Gute Nacht.

Molière (tritt mit der letzten Decke zu Chapelle, der noch vor ſich hin träumt; rührt ihn ſanft an). Woran denkſt du, Chapelle? Willſt du nicht ſchlafen gehn? — Oder ſchläfſt du ſchon?

Chapelle (gewaltſam die Augen aufreißend). Ich würde Ja ſagen, wenn ich es noch könnte. Irgend Jemand hat einen Schwamm genommen und mir hier (auf ſein Gehirn zeigend) die Gedanken weggewiſcht; — aber bei Gott, mir iſt ſehr übel zu Muth.

Molière. Strecke dich aus, mein Freund!

Chapelle. Ich danke dir herzlich für dein freundliches Zureden. (Steht auf; drückt Molière die Hand.) Ich will ſterben, Molière, wenn ich weiß, warum ich noch lebe; — doch wer auf Erden weiß das? (Molière drückt ihn ſanft nieder; Chapelle legt ſich hin. Müde) Wecke mich nicht wieder auf, Molière; laß mich in den

jüngſten Tag hinüberſchlafen. Es iſt nur darum — nur darum —
(Schläft ein.)

Molière (deckt Chapelle zu; winkt Soufflé, ſich zu entfernen. Soufflé
nach links ab; doch läßt er die Thür offen. Madeleine tritt leiſe von
hinten wieder ein und ſteigt die Treppe hinauf. Molière, nach einem Blick
auf die Vier) Sie ſchlafen alle. (Wendet ſich zum Gehn; erblickt Madeleine auf der Treppe. Erſtaunt, mit gedämpfter Stimme) Wie, Couſin,
— Ihr hier? Wo kommt Ihr her?

Madeleine (zeigt verwirrt nach der Gartenthür; ſtammelnd).
Ich gehe. — Gute Nacht.

Molière. Gute Nacht. (Geht nach links hinein.)

Madeleine (bleibt noch ſtehn und wirft einen kummervollen Blick
auf Chapelle herunter). O Chapelle!

(Der Vorhang fällt.)

Dritter Aufzug.

Ein andres Zimmer in Molière's Landhaus, im Geſchmack jener Zeit, von
mäßiger Tiefe. Im Hintergrund, in der Mitte, eine große Thür mit breiten
Flügeln. Rechts und links kleinere Thüren; die letztere nach hinten. Links
im Vordergrunde ein Fenſter, durch einen Vorhang geſchloſſen. Ein Kamin
rechts. Das Zimmer iſt ſchwach erhellt; auf einem Tiſch in der Nähe des
Fenſters brennt eine Kerze.

Erſter Auftritt.

Soufflé (ſitzt auf einem Stuhl am Tiſch und ſchläft); Armande (tritt von
rechts ein).

Armande. Soufflé!

Soufflé (fährt in die Höhe). Madame.

Armande (mit etwas gedämpfter Stimme). Ich ſehe, Ihr macht
es Euch bequem. (nach hinten zeigend) Wie ſteht's da brinnen,
Soufflé? — Wie viel Uhr iſt es?

Soufflé. Ich glaube, ſchon vier, Madame. Es wird eben
Tag; (mit einem Blick auf das Fenſter) wenn man den Vorhang
wegzieht, kann man den rothen Himmel ſehn.

Armande. Und die Herren?

Soufflé. Das Triclinium fängt ſchon an, ein wenig unruhig zu werden! Die erſten Stunden, nachdem ſie ſich auf Monſieur Molière's Zureden niedergelegt hatten —

Armande. Mein Gott, dieſer Einfall, ſich ertränken zu wollen!

Soufflé (mit geiſtreichem Lächeln). Es ſieht auch den Herren ſonſt nicht gleich, daß ſie ihren Wein mit Waſſer miſchen! — Aber wie geſagt, die erſten Stunden lagen ſie alle ſtill; zwei von ihnen ſchnarchten. Zuweilen ſtreckte Monſieur Marcel ſein linkes Bein von ſich, — ſo. Ich ſaß unterdeſſen hier, Madame, in dieſer Stellung —

Armande. Und ſchlief.

Soufflé. Ah, Madame! Ich ſchlafen, wenn man mir den Auftrag gegeben hat, zu wachen! — Nein, ich ſaß hier, den Blick beſtändig auf die offene Thür geheftet, und wachte. Nur einmal war mir plötzlich, als flöge ich, und darüber kam mir der Gedanke, daß ich doch wohl ſchliefe; aber im nächſten Augenblick hörte ich Monſieur Chapelle ſeufzen und war wieder munter. O Madame, und wie ſeufzte er! Ich wollte, ich könnte Euch dieſen Seufzer melobramatiſch wiederholen.

Armande (ablehnend). Ich danke Euch. Ich wollte wiſſen, wie es jetzt mit den Herren ſteht?

Soufflé. Die Herren Marcel und Duval ſchlafen noch, Madame. Monſieur Delatour war der Erſte, der ſich rührte. Er richtete den Kopf ein wenig auf — in dieſer Weiſe, Madame — und machte ein ſo ſonderbares Geſicht, daß ich auf-ſtand und näher ging. Soufflé, ſagte er, wie viel Uhr iſt es? — Drei Uhr Morgens, Monſieur, ſagte ich. — Soufflé! ſagte er, mir iſt ſehr übel.

Armande (lachend). Das iſt ſein gewöhnliches Schickſal!

Soufflé. Er hatte auch Recht, Madame; es wurde ihm außerordentlich übel. Soll ich Euch näher ſchildern, Madame, wie übel ihm wurde?

Armande. Ich danke! — Und Monſieur Delatour iſt auf-geſtanden?

Soufflé. Monſieur Delatour ſtand auf; ließ ſich Waſſer geben, um ſich die Schläfen und den Nacken zu waſchen, ſagte mir, daß das ein gutes Erfriſchungsmittel ſei — worauf ihm wieder ſehr übel wurde — und ſetzte ſich endlich auf einen Stuhl neben das Fenſter. Soufflé! ſagte er, was liegt da?

— Das Bild, sagte ich, und reichte es ihm hin. Dann sah er es sehr lange an; endlich sagte er: Soufflé, was ist das für ein sonderbares Bild? Warum wundert Ihr Euch nicht über dieses Bild? Soufflé, sagt mir, ob dieser Knabe da ein Knabe oder ein Mädchen ist. Mir ist, als wäre dieses Mädchen gestern noch ein Knabe gewesen.

Armande (betroffen). Welches Mädchen? Von was für einem Bild ist die Rede?

Soufflé. Nun, von dem Bild, das Monsieur Chapelle nach dem jungen Monsieur Alfred gemalt hat! Bei meiner Ehre, Madame, der junge Monsieur hat jetzt so ein Häubchen auf, und sieht aus wie ein Frauenzimmer. Monsieur Delatour betrachtete es noch einmal und schüttelte den Kopf; dann sagte er, es sei ihm Alles gleich, er befinde sich schlecht, und wankte wieder an seinen Divan und legte sich hin.

Armande (für sich). Was bedeutet das Bild? (laut, zerstreut) Und legte sich hin; und nun?

Soufflé. Nun liegt er, Madame; aber er schnarcht nicht mehr, sondern von Zeit zu Zeit stöhnt er; und dadurch hat er Monsieur Chapelle aufgeweckt, und nun wachen sie sich gegenüber. Dort, Madame, liegt Monsieur Delatour und stöhnt; hier liegt Monsieur Chapelle und sitzt. Er hat sich die Schuhe ausgezogen, und nun sitzt er da und starrt mit einem hoffnungslosen Ausdruck in seine Schuhe, — etwa in dieser Weise.

Armande. Ihr seid ein Narr! — Warum habt Ihr die Thür wieder zugemacht?

Soufflé. Damit die Herren nicht noch munterer werden, sondern wieder einschlafen. — Ihr solltet auch noch zu Bette gehn, Madame. Wir haben ohnehin die langen Tage.

Armande. Vielleicht! — Wahrhaftig, es geht diesen Herren noch viel zu gut; wir wachen, damit sie schlafen! (horcht) Ich höre da drinnen Geräusch; seht nach, was es giebt. (Soufflé öffnet hinten die große Thür. Man sieht in den Saal des ersten und zweiten Aufzugs von der Seite hinein; auf dem Tisch brennt eine trübe Lampe; ein paar der Divans sind sichtbar, auf denen Marcel und Delatour liegen. Delatour ruft: Soufflé! — Soufflé geht hinein und macht die Thür hinter sich zu.)

Zweiter Auftritt.

Armande; später Madeleine.

Armande (unwillkürlich lächelnd). Diese Wahnsinnigen! (Tritt

ans Fenster, lüftet den Vorhang ein wenig.) **Wahrhaftig, es wird
Tag! Die Seine blitzt zwischen den Weiden herauf. Und da
unten im Wasser lägen sie nun — — Mein Gott, was ist
denn geschehn, das sie auf diese Tollheit gebracht hat? Was
bedeutet das sonderbare Bild? Was haben sie — — Madeleine!**

Madeleine (tritt von links ein; sichtbar verstört, blaß und über-
wacht). Ja, ich bin es, Tante. Erschreckt Euch nicht. Ich weiß,
es ist noch früh. Ich sah Licht in Eurem Fenster (nach der Thür
rechts zeigend) — und da mußt' ich zu Euch!

Armande. Aber bist du toll, Kind? Um diese Stunde?
Weißt du denn nicht mehr, für was die Leute dich halten?

Madeleine (verwirrt). Wie?

Armande. Nein, wie sie mich anstiert! — Hast du denn
ganz vergessen, daß du Monsieur Alfred bist, und das da
(nach rechts zeigend) das Schlafzimmer deiner Cousine? — Hat
dich Jemand gesehn?

Madeleine (sich mit der Hand über die Stirn fahrend). Ich
glaube, Soufflé — — Ja, es ist wahr; Ihr habt Recht. O
Tante, — und was thut's? Ich kann nicht länger allein sein.
Ich gehe umher wie im Fieber. Ich schlafe nicht. Laßt mich
hier bleiben, laßt mich nicht allein!

Armande. Mein Gott, was für Reden? — Wie siehst
du aus, Madeleine? — Warum kannst du nicht schlafen?

Madeleine. O Tante, — in dieser Nacht! Seit diese
fürchterlichen Menschen versucht haben, sich zu tödten! Und nun
schlafen sie dort ihren letzten Schlaf — — (plötzlich leidenschaft-
lich) Ihr dürft es nicht dulden, Tante! dürft's nicht geschehen
lassen!

Armande. Was? Daß sie's noch einmal versuchen? —
Fasse, fasse dich, Kind. Du bist außer dir. Sie werden heut
nüchtern aufwachen und sich durch alle Beredsamkeit Chapelle's
nicht in das kalte Wasser hineinschwatzen lassen.

Madeleine. Chapelle! — — Warum will er sich tödten?
O mein Gott — (Sie setzt sich auf einen Stuhl, sinkt gegen die Lehne.)
Mir wird so elend.

Armande (eilt auf sie zu). Was ist das? Um des Himmels
willen! (Madeleine schließt die Augen.) Wirst du mir ohnmächtig,
Kind? (Sie hält ihren Kopf, stützt sie; Madeleine sucht sich zu ermun-
tern und lehnt sich gegen den Tisch.) Willst du nicht zu dir kommen?

(Sie eilt an den Kamin, nimmt ein Fläschchen vom Sims und läßt Madeleine daran riechen.) Da, ba, ba!

Madeleine (matt). Ich dank' Euch. Mir wird schon besser.

Armande. Wie kannst du mich so erschrecken, böses Kind? Ist das unsre tapfre, unternehmende Madeleine? (Setzt sich neben sie, hält sie zärtlich im Arm.) Was ist mit dir geschehn?

Madeleine. Nichts. Laßt mich fort!

Armande. Fort? Wohin? Eben bringst du hier im Sturm ein wie eine tragische Heldin, um nicht länger allein zu sein, und nun willst du wieder davon? Was für ein kleiner Dämon treibt dich so durch das Haus?

Madeleine (verwirrt). Was sagt Ihr, Tante?

Armande. Was für ein Dämon in dich gefahren ist, frag' ich! — Warum regt es dich so auf, daß die Herren da hinten lebensmüde sind?

Madeleine (noch immer matt). Ich — ich weiß nicht, Tante!

Armande (sieht sie forschend von der Seite an). Hintergehe mich nicht! Warum seufztest du bei dem Namen Chapelle und fielst auf diesen Stuhl?

Madeleine. Ich weiß nicht!

Armande. Liebst du Chapelle, Madeleine?

Madeleine. Ich weiß nicht!

Armande. Nun, dann weiß ich's! (Madeleine zittert und legt sich die Hände vors Gesicht.) Mein Gott, fasse dich, Kind; ist es denn so ein Unglück, Chapelle zu lieben?

Dritter Auftritt.

Die Vorigen, Molière.

Molière (tritt von links ein, in vollem Anzug, hastig und aufgeregt). Ich höre von Soufflé — — (Erblickt die Beiden und steht wie erstarrt.) Gottes Tod! Ich seh' es mit diesen Augen.

Armande (springt auf). Mein Gemahl! (Madeleine bleibt sitzen und sieht ganz in Schmerz versunken vor sich hin.)

Molière (außer sich, näher tretend). Wie nennt Ihr diese Scene, Armande? um diese Zeit? Wie werdet Ihr mir die Gruppe erklären, aus der ich Euch aufgestört habe?

Armande (sieht ihn ruhig an). Erklärt sie Euch selbst, mein Freund.

4

Molière (in wachsender Wuth). Wollt Ihr mich noch ver=
höhnen? (zieht seinen Degen, tritt auf Madeleine zu) Cousin! Ihr
versteht Euer Handwerk, so jung Ihr seid! — Ich sage Euch,
Ihr werdet nicht lebend aus dem Zimmer gehn!

Madeleine (steht auf und starrt ihn an).

Armande (ruhig). Nun, Cousin? Wie werdet Ihr Euch
aus dieser Lebensgefahr erretten?

Molière (auf Armande zu). Armande —! (Kehrt wieder um,
stellt sich vor Madeleine.) Zieht Euren Degen, wehrt Euch; oder
ich stoß' Euch nieder!

Armande. Seht doch hin, Molière; er hat seinen Degen
nicht. Er kann ihn nicht ziehn.

Molière. Gleichviel; er soll! — Antworte mir, bleiches,
glattes Schurkengesicht — starre mich nicht so an — oder bei
meinem Leben, ich jage diese Klinge in deine heuchlerische Seele
hinein!

Armande (wird ängstlich). Mein Gott, er ist im Stande,
es zu thun! — Vertheidige dich, Madeleine; du wirst dich
doch von deinem eigenen Oheim nicht ermorden lassen.

Molière. Madeleine? — Oheim? (Betrachtet Madeleine ver=
dutzt.)

Armande. Kind, so rede doch! Du wirst doch (mit einem
Blick auf Molière) diesen „alten Narren" nicht zum abscheulichsten
Mörder werden lassen! (an sie herantretend) Madeleine, Madeleine!

Madeleine (in Thränen ausbrechend). Mir ist Alles gleich!
Mag er mich tödten, so ist Alles vorbei!

Armande. Wie, — das wird ja tragisch! Ist Die nun
auch noch lebensmüde geworden? (faßt sie am Arm) Mädchen,
Mädchen, komm zu dir! Hier steht dein Oheim, der eifer=
süchtige Narr, den du so artig betrogen hast; lach' ihn aus,
lach' ihn aus! — Helft mir, Molière, diesem thörichten Mäd=
chen zureden; sie hat Euch ganz nach der Kunst hinter's Licht
geführt, und will Euch nicht auslachen!

Molière (verwirrt). Was heißt das? — Meine Nichte, —
Madeleine Duclos? (sie erkennend) Bei Gott! — Madeleine,
wie kommst du hierher? Was soll dies alles bedeuten?

Armande. Willst du nicht sprechen, Kind? — Seht sie
Euch an, Molière, diese Comödiantin! Sie hat ihrer Heimath,
ihren Eltern Valet gesagt, um sich unter Eure Fittiche zu

flüchten. Um, an Euch ihr Probestück zu machen: Euch zu zeigen, daß sie vom Theaterdämon dazu bestimmt ist, die Menschen in Verkleidungen zu täuschen.

Madeleine (weinend). O ich wollte, ich wäre niemals gekommen! Fort will ich wieder — fort! (mit einer haftigen Bewegung) Laßt mich gehn!

Armande (tritt ihr in den Weg). Um Gottes Willen! Wohin?

Madeleine. Fort, — ganz fort! Fragt mich nicht, Tante, sondern laßt mich gehn!

Molière. Mort de ma vie, was ist das? Kaum löst sich das eine Räthsel auf, so verwickelt sich das zweite? — Werd' ich endlich erfahren, woran ich bin? — Madeleine! (Sie sieht ihn an.) Du bist also hierher gekommen, um deinen alten Gedanken durchzusetzen und aufs Theater zu gehn.

Madeleine (noch schluchzend). Ja, Oheim.

Molière. Und mir in dieser Maske zu zeigen, daß du zu spielen verstehst.

Madeleine. Ja, Oheim.

Molière. Und nun willst du wieder fort!

Madeleine (sich halb abwendend). Ja, Oheim.

Molière. Hm! Das verstehe, wer kann! — — Und ich habe dich mit diesem Degen durchbohren wollen.

Armande (da Madeleine schweigt). Ja, mein Herr Gemahl.

Molière. Habe mich dreimal eifersüchtig machen lassen.

Armande. Ja, mein Herr Gemahl.

Molière. Bin von dieser listigen Person aufs schmählichste getäuscht worden.

Armande. Ja, mein Herr Gemahl.

Molière. Das ist ehrenvoll — aber nur für einen von uns beiden! — — Und warum weinst du trotz alledem, Madeleine?

Madeleine (hat sich die Augen getrocknet). Ich weine nicht.

Molière. Du willst mir nicht sagen, was dir fehlt?

Madeleine. Nein!

Chapelle (hinter der Scene). Es ist gut, Souffé!

Madeleine (zusammenfahrend). Chapelle!

Chapelle. Wenn Euer Herr hieher gegangen ist, so werd' ich ihn hier auch finden!

4*

Madeleine (für sich). Ich kann ihn nicht sehn! (Läuft durch die Thür links hinaus. Molière sieht ihr verwundert nach.)

Armande. Chapelle! — In diesem Anzug wünsch' ich ihn nicht zu empfangen. (Eilt nach rechts ab.)

Vierter Auftritt.

Molière, Chapelle.

Chapelle (bleich und verstört, doch ohne sonstige Zeichen der Trunkenheit, tritt langsam von hinten ein). Molière!

Molière. Mein Freund! (für sich) Wie! Es scheint, Madeleine lief vor ihm davon. (laut) Du schon auf, Chapelle!

Chapelle. Ich könnte dir dieses Fragezeichen zurückgeben, Molière. Es scheint allerdings noch früh am Tage zu sein. Ich kann nicht schlafen — der heilige Aesculap mag wissen, warum — und ich wollte dich aufsuchen; und hörte, du seiest hier. (giebt ihm die Hand) Abieu, Molière.

Molière. Was heißt das? Du willst fort?

Chapelle. Einen Spaziergang machen; ich habe ein ganz verteufeltes Bedürfniß nach frischer Luft. Ich möchte meine Kopfschmerzen auf die Landstraße führen.

Molière. Und um einen Spaziergang zu machen, sagst du mir Abieu? (ihm in die Augen sehend) Bist du noch toll, Chapelle? Denkst du noch daran, in die Seine zu gehn?

Chapelle (melancholisch lächelnd). Beruhige dich, mein Freund! Ich habe so weit ausgeschlafen, daß ich mich für die schmutzige Seine nicht mehr begeistern kann. Im Gegentheil, heute Nacht, zwischen drei und vier, hab' ich den Beschluß gefaßt, so ein Selbststurzbad für eine unwürdige Gaukelei zu halten; denn wenn ich das Sein durch das Nichtsein aufhebe, was bleibt nach Cartesius? Das Nichtsein, das nach Cartesius noch weniger als das Sein ist.

Molière. Und darum willst du nun auf die Landstraße gehn?

Chapelle. Ja. Ich gehe nach Paris, — nur auf einen Tag. Heute Abend siehst du mich wieder.

Molière. Heute Abend! — Du bist heute nicht geistreich, Chapelle; du hast keine Einfälle. Erst schwebt dir vor, ein wenig in die Luft zu gehn; jetzt trachtest du nach Paris. Darf ich dir sagen, daß ich diesen Spaziergang für eine ganz verwünschte Lüge halte?

Chapelle. Warum?

Molière. Weil ich ein wenig Menschenkenner bin! — Du siehst höchst erbärmlich aus.

Chapelle. Katzenjammer.

Molière. Dir ist etwas begegnet, und du willst fort; — ganz fort.

Chapelle (verwirrt). Meinst du!

Molière. So wahr ich lebe, ich hab' es richtig errathen! — Gieb Acht: jetzt werd' ich dir auf den Kopf zu sagen, daß du vor Verlegenheit roth wirst, und dann wirst du roth werden. — Hab' ich es nicht gesagt? Der bleiche Mann wird roth.

Chapelle. Du bist der Gott des Argwohns, Molière! Was soll mir geschehen sein? — Ich lechze nur nach Luft; und darum leb wohl.

Molière (für sich). Er ist auf den Tod verstört! (laut, dicht vor ihn hintretend) Chapelle! Warum wolltest du heute Nacht in die Seine gehn?

Chapelle. Ah bah! das hab' ich vergessen.

Molière. Und warum willst du jetzt fort?

Chapelle. Das weiß ich noch nicht.

Molière. Du willst deinem ältesten Freund nicht sagen, was dir ist?

Chapelle. Nein.

Molière. Nun, dann bedaure ich nur, daß du nicht aus dem Hause kannst. Die Thüren sind verschlossen.

Chapelle. So wirst du sie öffnen lassen.

Molière. Das werde ich nicht. Ich habe Soufflé beordert, sie so lange verschlossen zu halten, bis die Herren Selbstmörder sich völlig beruhigt haben, bis ich sie als geheilt entlasse. Geheilt siehst du mir noch nicht aus. Du bleibst so lange mein Gefangener, bis ich dich wirklich genesen finde.

Chapelle (auffahrend). Molière!

Molière. Chapelle!

Chapelle. Ich sage dir, — ich muß fort!

Molière. Ich sage dir, daß ich das nicht glaube. Du kannst mich tödten, Chapelle, aber dir wird nicht geöffnet. (scherzend) Du hast versprochen, nicht ohne mich in die Seine zu gehn.

Chapelle. Molière!

Fünfter Auftritt.

Die Vorigen, Soufflé.

Soufflé (von links). Monsieur!

Molière. Was giebt's?

Soufflé (mit dummschlauem Lächeln). Eine Comödie, Monsieur! eine sehr lustige Posse! Der junge Monsieur Alfred, der Cousin, verkleidet sich als eine junge Dame.

Molière (Chapelle's Erregung bemerkend). Wie? — Woher weißt du das?

Soufflé. Und ich denke, er kommt hierher; hier werden die Herren ihn sehn!

Chapelle (für sich). Niemals! (hastig) Leb wohl, Molière; bis auf Wiedersehn! (Geht wieder nach hinten ab.)

Molière (ihm nachsehend, für sich). Er entflieht vor ihr? — Und sie vor ihm? — Was ist mit den Beiden geschehn? (laut) Soufflé! Woher weißt du von dieser — Verkleidung?

Soufflé. Ich ging an Monsieur Alfred's Zimmer vorbei; da rief er mich hinein. Und da stand er neben seinem Koffer, alle Kleider am Boden, und hatte sich ein langes, weißes Damenkleid angezogen. Mort de ma vie! sagte ich. Soufflé, sagte er, ich befinde mich schlecht, wollt Ihr mir nicht ein Glas Wasser bringen?

Molière. Das ist freilich sehr lustig! — Und dann?

Soufflé. Dann blieb ich stehn und sah ihn verwundert an; denn bei meiner Ehre, Monsieur, man mußte ihn für eine Dame halten! Aber da lachte er plötzlich und sagte, es sei ein Scherz, daß er sich verkleide, und ich solle nichts davon sagen und ihm das Wasser holen. (mit dummem Gesicht) Und auf einmal stürzten ihm die Thränen über die Backen, Monsieur.

Molière. Das ist ja eine unendlich lustige Comödie! (aufgeregt, für sich) Und sie will fort! — Und Chapelle will fort! — Es scheint, sie sind drauf und dran, einander unglücklich zu machen! Und das sollte ich dulden — und sie beide davonrennen lassen? und ihnen ihr Geheimniß lassen, bis es zu spät ist? (mit plötzlichem Entschluß) Ah, Madeleine — warte nur! du hast dein Probestück an mir gemacht: ich will dir den Meister zeigen! In einer Stunde will ich wissen, woran ich bin! (laut) Soufflé!

Soufflé. Monsieur.

Molière (für sich). Wozu hab' ich schon so manchen Men=
schen treu nach dem Leben gespielt? — Ah, ich lebe wieder.
Ich fühle wieder meine alte Lust, mich zu verwandeln — Steg=
reifdichter zu sein — Schicksal zu spielen! Diese Madeleine
hat mich wieder jung gemacht — dafür soll sie erfahren, daß
ich noch der Molière bin! (laut) Soufflé! Du sagtest mir neulich,
daß Monsieur Chapelle niemals seine Garderobe verschließe.

Soufflé. Er verschließt nichts, Monsieur.

Molière. Und er hat noch einen zweiten Anzug, ganz wie
der, den er trägt!

Soufflé. Ja, Monsieur. Es sind seine Leibfarben, sagt er.

Molière. Gut! (Geht; steht still.) Mir fällt ein: Monsieur
Chapelle wird dich vielleicht bestechen wollen, damit du ihm die
Hausthür oder die Gartenthür öffnest.

Soufflé. Ah, Monsieur! Ich mich bestechen lassen!

Molière. Mein Sohn, ich kenne dich. Täuschen wir uns
nicht über die Charaktere! (ihn bei der Hand nehmend) Ich gebe
dir das Doppelte von dem, was er dir anbieten wird.

Soufflé (beleidigt). Ah, Monsieur!

Molière. Für alle Fälle! (Geht rasch nach links ab.)

Sechster Auftritt.

Soufflé, dann Chapelle.

Soufflé (sieht ihm nach). Ich weiß nicht, — ich kann gegen
Molière nicht aufkommen! So einem großen Schauspieler gegen=
über spielt man selber schlecht; und dann ist's freilich nicht
schwer, die Charaktere zu kennen! Ich wollte nur, Chapelle böte
mir etwas an, — damit ich ihn steigern könnte.

Chapelle (tritt von hinten ein; nachdem er sich umgesehn). Soufflé!

Soufflé (sich rasch zu ihm wendend). Euer ergebenster Diener,
Monsieur.

Chapelle (für sich, noch immer verstört). Molière ist hinaus —
sie noch nicht da. (laut) Monsieur Alfred kommt nicht?

Soufflé. Es scheint, er kommt nicht, Monsieur.

Chapelle (für sich). Dennoch muß ich fort! (laut) Ihr habt
Befehl, die Thüren verschlossen zu halten, Soufflé.

Soufflé. Ja, — Monsieur Molière hat diesen Wunsch ge=
äußert.

Chapelle. Aber ich habe Ursache, fortzugehn. (ihm eine
Handvoll Geldstücke hinhaltend) Diese Lockvögel sind Euer, wenn Ihr
mir die Gartenthür öffnet.

Soufflé (nach einem Blick auf das Geld). Ich bitte; legt noch
etwas zu, Monsieur.

Chapelle. Das sagt Ihr trotz dieser Summe?

Soufflé. Ja, trotzdem bitte ich: legt noch etwas zu. Ich
habe meine Gründe, Monsieur.

Chapelle (zieht noch ein Geldstück aus der Tasche; ungeduldig).
Wollt Ihr jetzt öffnen?

Soufflé. Ich bitte, wartet noch einen Augenblick! — Legt
noch etwas zu.

Chapelle. Unverschämter Geselle! Wollt Ihr mir die Thür
jetzt öffnen oder nicht? (Armande erscheint rechts in der Thür, im
gewöhnlichen Hauskleid.)

Soufflé. O, nicht so laut, Monsieur! — Auf Ehre, es soll
Euer Schade nicht sein; Ihr verliert nichts dabei. Ich habe
nur meine Gründe.

Chapelle. Bist du toll geworden? — Ich habe keine Lust,
mit dir zu scherzen; mir ist nicht danach zu Muth. Ich muß
hinaus, und du sollst mir öffnen! (noch ein Geldstück hervorziehend)
Da!

Soufflé. Ich dank' Euch, Monsieur. Es genügt, daß ich
mir die ganze Summ.. ..ie; (mit einer Verbeugung zurücktretend)
des Geldes berauben will ich Euch nicht. Monsieur Molière
hat mir das Doppelte geboten.

Chapelle (heftig). Infamer — ! (Wirft das Geld auf den Boden.)
Mir reißt die Geduld!

Siebenter Auftritt.

Die Vorigen, Armande.

Armande (vortretend). Soufflé! (Soufflé sieht sie etwas erschrocken an.) Geht auf der Stelle hinaus! Ihr erlaubt Euch,
sonderbare Intriguen zu spielen.

Soufflé. Ich handle nur im Dienste meines Herrn —

Armande. Verlaßt uns; ich habe mit Monsieur zu reden.

(Soufflé sieht das hingerollte Geld an, zuckt die Achseln und geht links hinaus.) Was ist mit Euch geschehen, Chapelle? Ich kenne Euch nicht mehr. Erst beschließt Ihr bei Nacht, Euch zu ertränken, und dann wollt Ihr Euch am Morgen wie ein Dieb davonstehlen?

Chapelle (bitter auflachend). Nicht wahr, das Leben fängt wieder an, unterhaltend zu werden! Ueberraschungen auf Ueberraschungen, Effecte über Effecte! Vier Acte der Comödie waren schal genug, — der fünfte, scheint's, soll die ganze Schnurre herausreißen.

Armande. O nicht dieses Lachen, Chapelle! — Was habt Ihr — was ist Euch geschehn?

Chapelle (in sich versinkend). Nichts; ich habe nur ein metaphysisches, philosophisches Leiden. Es ist mir eine abstracte Idee gekommen, die sich nicht verwirklichen läßt! Ich hatte den Gedanken gefaßt, den alten Chapelle aus- und einen ganz neuen anzuziehn. Als philosophisches Problem hatte es mich gereizt, aus dieser luftigen, flatterhaften Seele (indem er auf seine Brust zeigt) so etwas von einem guten Kinde und ehrsamen Bürger zu machen! Und das alles, weil sich eine Raupe in einen Schmetterling verwandelte; — könnt Ihr diesen metaphysischen Zusammenhang begreifen?

Armande. Warum sprecht Ihr in Räthseln, Chapelle?

Chapelle. Weil es räthselhaft ist! — Aber seht, zuletzt hat sich ergeben, daß dieses Problem nicht gelöst werden kann; daß es für eine Seele wie die meinige besser ist, ihrem bisherigen Ruf als angenehmer Falter treu zu bleiben! Und dazu hab' ich mich denn auch heute Morgen zwischen drei und vier Uhr entschlossen; — und das ist der Grund, Armande, warum ich von dannen will.

Armande. Wohin?

Chapelle. In die Welt! Da ich auf die Seine verzichtet habe, muß man mir wenigstens erlauben, mich auf dem trocknen Element herumzutreiben. Es wird Einem so oft zugeredet, Italien zu besuchen; es soll ein freundliches Land sein. Den Hinweg mach' ich über Lyon und Genua, und über Venedig und Wien kehr' ich wahrscheinlich zurück. O, so eine Reise ist Gold werth! Man sieht viel Neues, man unterhält sich vortrefflich, man lernt fremde Sprachen, — und wenn man mitt-

lerweile auch etwas v e r g e s s e n kann, so hat man Alles er=
reicht, was auf unsrer jungen Erdkugel vorläufig zu haben ist!

Armande (ernst, traurig). Ihr seid sehr unglücklich, Chapelle!

Chapelle. Pfui, was für ein Wort! Das sollte ein guter
Unterthan Seiner himmlischen Majestät gar nie in den Mund
nehmen! Ich habe nur kein Glück, — das ist alles. In einer
gewissen Möglichkeit hab' ich mich verrechnet — (Er sieht Madeleine eintreten und verstummt vor Bestürzung.)

Achter Auftritt.

Die Vorigen, Madeleine, später Molière.

Madeleine (kommt von links als Mädchen, im weißen Kleid; blaß
und melancholisch). Tante Armande! (Erblickt Chapelle und steht wie
angewurzelt still.)

Armande. Madeleine! (Sie betrachtet Chapelle. Chapelle sucht sich
zu fassen; verneigt sich endlich stumm vor Madeleine, dann vor Armande,
und geht nach hinten ab. In demselben Augenblick tritt Molière in die
Thür links, ganz wie Chapelle gekleidet, in derselben schwarzen Perrücke, und
mit bleichem Gesicht, und bleibt auf der Schwelle stehn.)

Molière (für sich). Bis hierher muß man ihr nachlaufen!
(sieht Armande) O weh — sie ist nicht allein.

Madeleine (sieht Chapelle nach; dann nach einer Pause). Ihr seht,
Tante, ich spiele keine Comödie mehr! — Niemals wieder!
(mit trübsinnigem Lächeln) Monsieur Alfred ist todt, und Made=
leine bittet Euch, sie zu entlassen.

Armande. In welchem Sterbenston sie das sagt! (Molière
macht eine Bewegung; Armande bemerkt ihn. Für sich, erstaunt) Wie?
Chapelle geht zur einen Thür hinaus und kommt zur andern
wieder herein? — Was heißt das? Verlangt er mit diesem
Mädchen zu reden?

Madeleine (die von Molière abgewandt steht). Was seht Ihr dort
hinten, Tante?

Armande (da Molière ihr ein Zeichen giebt, sich zu entfernen, für
sich). Er winkt mir, ich soll gehn; — nun, das ist originell!
— Aber es ist gut; lassen wir sie allein. Lassen wir sie allein.
(laut) Entschuldige mich, mein Kind; fahren wir s p ä t e r fort,
unsere Gefühle auszutauschen. In diesem Augenblick muß ich
fort —

Madeleine. Bleibt, Tante; ich bitt' Euch!

Armande. Bald — auf Wiedersehn — Abieu! (Geht hastig rechts in ihr Zimmer, macht die Thür hinter sich zu.)

Neunter Auftritt.

Molière, Madeleine.

Madeleine. Tante Armande! (Bleibt verstört links in der Nähe des Tisches stehn, während Molière im Hintergrunde nach der dunkleren rechten Seite hinübergeht.) Sie will mich nicht hören! — Und ich muß doch fort! (Will Armande nach; erblickt Molière und schrickt zusammen. Für sich) Schon wieder Chapelle! (Schlägt die Augen zu Boden.)

Molière (sich in der Entfernung haltend, für sich). Das Feld ist wenigstens rein! — Der falsche Chapelle scheint sie zu erschrecken. Wenn ich nur wüßte, ob ich schon weiß, wer sie ist? ob ich mich über ihren Anzug verwundern muß, oder nicht? (laut, mit möglichst verstellter Stimme) Mein Fräulein.

Madeleine (stammelnd). Monsieur!

Molière. Ihr seht mein Erstaunen; — diese Veränderung, diese Kleidung —

Madeleine (mühsam). Warum erstaunt Ihr, daß ich nicht länger scheinen will, was ich nicht bin?

Molière (für sich). Ah! Wir waren schön im Geheimniß! Es scheint, ich weiß Alles! (laut) Und Ihr habt mir nichts mehr zu sagen, mein Fräulein, ehe ich gehe?

Madeleine (immer ohne ihn anzusehn). Was sollt' ich Euch noch zu sagen haben? Wißt Ihr nicht, wie ich denke?

Molière (für sich). Ja, wenn ich das wüßte! (laut) Und dabei soll es nun bleiben?

Madeleine (mühsam). O Monsieur, — verzeiht mir! Ich habe mir herausgenommen, was einem Mädchen nicht zukommt. In der — Aufregung des Augenblicks habe ich Euch Beleidigungen gesagt, die ein Mann von einem Mädchen nur erträgt, weil er sie nicht für seines Gleichen achtet.

Molière (für sich). Sieh da! Eine leidenschaftliche Abweisung?

Madeleine. Ich muß alles das zurücknehmen, was über das einfache (stockend) — was über das Nein hinausging. Und wenn Ihr gar in Folge dessen heute Nacht auf jenen — entsetzlichen Gedanken verfallen wärt —

Molière (für sich). Ah — ich liebe sie; ich habe es ihr erklärt! (laut) Bei Gott, Madeleine — !

Madeleine (ihn plötzlich anstarrend). Woher kennt Ihr diesen
Namen?

Molière (für sich, erschrocken). Ja so — den durft' ich nicht
wissen.

Madeleine. Mein Gott, und wer seid Ihr — wie seht
Ihr aus? (Tritt bestürzt einen Schritt zurück.)

Molière (sich schnell, wie im Schmerz, die Hand vors Gesicht legend,
halb abgewandt, mit dem bitteren Lachen Chapelle's). Ja, wie seh' ich
aus! Ich glaub' es wohl, daß ich verwandelt bin: diese Nacht
hat wie ein Jahrzehnt an mir gearbeitet! O mein Fräulein,
ich bin der Chapelle von gestern Abend nicht mehr!

Madeleine (für sich). Der Unglückliche! (Wendet sich wieder ab.)

Molière. Woher ich Euren Namen weiß, Madeleine?
Kenn' ich nicht Euren Oheim? Denkt Ihr, daß ich davongehen
könnte, ohne ihm bekannt zu haben, was zwischen uns geschehn ist?

Madeleine (erschrocken). Ihr habt ihm Alles gesagt?

Molière. O ja, er weiß Alles! (für sich) Es muß endlich
heraus, was sie gegen ihn hat! (laut) Und ich muß nun wirklich gehn, Madeleine?

Madeleine (verwirrt). Das fragt Ihr mich?

Molière. Wen sonst? Seid Ihr nicht einzig und allein
daran Schuld? (aus der Rolle fallend) Und wenn Ihr mir Chapelle aus dem Hause treibt —

Madeleine (verwundert wieder aufblickend). Chapelle?

Molière (senkt schnell den Kopf und legt sich wieder die Hand vor die
Augen). Ja, diesen unglücklichen Chapelle, der hier vor Euch steht —
und der bei Gott nicht weiß, warum Ihr ihn unglücklich macht!

Madeleine (verwirrt und befremdet). O Monsieur! Hat denn
diese Nacht Euer Gedächtniß ausgelöscht? (da Molière erwar-
tungsvoll schweigt) Wißt Ihr im Ernst nicht mehr, mit was für
— Bekenntnissen ihr mich unglücklich gemacht habt?

Molière. Was hätt' ich denn gesagt? Bei Gott, ich
entsinne mich nicht!

Madeleine. Ihr entsinnt Euch nicht? Könnt Ihr noch
scherzen, Monsieur?

Molière. Scherzen, mit Euch — o nein. Aber wenn ich

vielleicht in meiner übermüthigen Weise mich etwas leichtfertig
geäußert hätte —

Madeleine. Ich verstehe Euch nicht, Monsieur! Habt
Ihr nicht dem — Ganymed, als Ihr noch nicht wußtet, wer
er war, Lehren gegeben, die ein junges Mädchen im Herzen
empören mußten?

Molière (für sich) . Der Schurke! Das soll er mir büßen!
(laut) Und weiter? Weiter, mein Fräulein?

Madeleine (immer befremdeter). Weiter?

Molière. Ich bitte, laßt mich Alles wissen, was ich ge=
than habe!

Madeleine. Mein Gott — so etwas hab' ich nie erlebt,
oder für möglich gehalten. Habt ihr denn Alles vergessen?
Auch, wie offen ihr mir Eure Vergangenheit, — Eure Aben=
teuer bekannt habt?

Molière (für sich). Immer besser! (laut) Das hätt' ich
freilich sollen bleiben lassen, ich alter Renommist! Aber was
weiter, mein Fräulein?

Madeleine. Und als ich Euch fragte, ob Ihr Euch kein
Gewissen daraus machtet, die Frauen unglücklich zu machen —
(Stockt.)

Molière. Was antwortete ich?

Madeleine. Was Ihr antwortetet? — Seid Ihr irre,
Monsieur Chapelle, oder verhöhnt Ihr mich? — Soll ich im
Ernst glauben, daß Ihr mit einem armen Mädchen noch Euren
Spott treiben könnt? (Sie bricht in Thränen aus, wendet sich ab,
will gehn.)

Molière. Nein, nein, nein, bleibt! Madeleine! Könnt
Ihr glauben — — Kennt Ihr nicht mein Herz?

Madeleine. Das Ihr schon an hundert Andre weggeworfen!

Molière. Nein, das wäre zu viel. Ihr habt es zu wört=
lich genommen, Madeleine!

Zehnter Auftritt.

Die Vorigen, Chapelle.

Chapelle (tritt hinten in die Thür, von Madeleine unbemerkt, und
bleibt beim Anblick des falschen Chapelle vor Ueberraschung stehn).

Molière (sieht Chapelle; für sich, mit listigem Lächeln). Ah, Cha=
pelle! (laut, fortfahrend) Ich sehe wohl, ich muß gestern wieder

einmal der unſinnige, prahleriſche, kindiſche Chapelle geweſen
ſein! (Chapelle macht eine auffahrende Bewegung.) Dem jeder tolle
Gedanke auf die Zunge ſpringt, der jedem tollen Gedanken
eine noch tollere Faſſung giebt! Ich bitte ſehr, Madeleine,
glaubt dieſem Narren nicht Alles, was er ſagt. Er hat ſeinen
Freund Molière durch ſeine Uebertreibungen ſchon oft zur
Verzweiflung gebracht. Er hat das nichtswürdige Laſter, aus
bloßer Laune ſeine Fehler bis ins Unmögliche zu vergrößern
und ſeine Tugenden ſo klein wie Flöhe zu machen. Es würde
ihm gut thun, auf ein Jahr in ein Trappiſtenkloſter zu gehn!
Aber noch beſſer freilich wäre es, wenn er ſeinem ewigen Ohren=
bläſer, dem Wein, ein wenig entſagen wollte! Was ſagt
Ihr dazu, Madeleine?

Madeleine (halb gerührt, noch den Thränen nahe). Was ſoll
ich dazu ſagen?

Molière. Nicht viel; aber doch etwas! Madeleine, —
dieſer Chapelle, den Ihr ſo von Euch ſtoßt, hat gewiß manche
Thorheit in ſeinem Leben begangen; aber keine, deretwegen man
ihn in die Hölle des ewigen Junggeſellenthums verdammen muß.
Wenn nun Euer vortrefflicher Oheim zu Euch ſagte, Madeleine:
laſſen wir dieſen Chapelle ein wenig ſchmachten, aber nicht
hoffnungslos; laſſen wir ihn in die Schule der Tugend gehn,
nämlich bei Euch; ich, dein guter, verſtändiger, in dich ver=
liebter, durch dich geneſener Oheim, willige in Alles — (Ma=
deleine, die bisher halb abgewandt vor ſich niedergeſehn, wendet ſich aufge=
regt zu ihm herum) was würdet Ihr dann ſagen, Madeleine?

Chapelle (noch hinter ihrem Rücken). Madeleine!

Madeleine (fährt erſchrocken zuſammen, ſieht ſich um, ſtarrt Beide
abwechſelnd an). O Himmel! — Zwei Chapelle!

Molière. Nein, Madeleine, (auf ſich zeigend) dies hier iſt
nur ſein Schatten, ſeine hingeſtümperte Copie, — ſeine Täu=
ſchung. (mit liebenswürdig triumphirendem Lächeln) Siehſt du wohl,
Madeleine? Du hatteſt mich herausgefordert; jetzt ſind wir
quitt. Deine Antrittsrolle haſt du gut geſpielt; aber ich glaube,
Ich habe dir gezeigt, daß ich auch noch der Molière bin! —
Ich kenne jetzt eure Geheimniſſe, ihr guten Kinder, und kann
nun die Rolle ſpielen, die meiner würdig iſt: die des großen
Schickſals.

Madeleine (nach Faſſung ringend). Oheim! — Oheim!

Chapelle (Molière die Hand drückend, gerührt). Bei Gott, Molière, du bist mein Freund! — — Madeleine! — Ich bitte Euch, seht mich an! (auf Molière zeigend) Dieser Chapelle, dieses große Schicksal, hat eine Frage an Euch gestellt; wollt Ihr sie nicht beantworten?

Madeleine. Ich? — Was soll ich sagen?

Chapelle. Seht mich an, Madeleine: ich bin der falsche Chapelle! Glaubt nicht mir, sondern diesem ächten! Ich bin der Chapelle von gestern, der Selbstverläumder, der Philosoph des Nichts, der mit sich und der Welt zerfallene, schwer erkrankte Chapelle. Dies hier (wieder auf Molière zeigend) ist der Chapelle von heute, Madeleine, auf den man vertrauen darf. Der vor dem Nichts den gesunden Abscheu eines Lebendigen hat; der durch einen überaus lieblichen Arzt von seiner Krankheit geheilt ist und wieder mit den Augen eines Jünglings in das Leben hineinsieht.

Molière. Ich glaube fast, ich kenne diesen Arzt: er trägt zuweilen eine Binde vor den Augen und stets einen Köcher an der Seite.

Chapelle. Mit scharfen Pfeilen darin; aber bei Gott, wohl Dem, den sie seufzen lehren! — Madeleine, ich liebte Euch, als Ihr noch Alfred hießt; seit Ihr dieses Mannes Nichte seid, lieb' ich Euch unaussprechlich. Ich habe vor, mich rückwärts zu verpuppen: aus einem müssiggängerischen Schmetterling in eine einfache, bürgerliche Raupe; — wollt Ihr diesen seltsamen Vorgang mit ansehn, Madeleine? — Wollt Ihr mir helfen?

Madeleine (giebt ihm die Hand; mit Empfindung lächelnd). Ich will!

Chapelle. O, so bin ich gerettet! — Da ich Euch wieder lächeln sehe, bin ich schon gesund! — Madeleine, ich will darauf schwören, Ihr liebt mich; sonst könntet Ihr nicht schon in diesem falschen Chapelle den ächten erkennen. (ihre beiden Hände haltend) Mein holder Ganymed! Du siehst, hier ist Niemand als Chapelle, sein Schatten und du; wir Zwei sind also allein; willst du mir nicht vergönnen, deine Lippen zu küssen?

Madeleine. O Chapelle! (Er zieht sie in seine Arme.)

Elfter Auftritt.

Die Vorigen, Armande, später Soufflé.

Armande (ist während Chapelle's letzter Rede von rechts eingetreten und beim Anblick der Gruppe erstaunt stehen geblieben). Ich sehe Zeichen und Wunder! (auf Molière zu tretend) Tausendkünstler! — Ihr seid Chapelle, wie ich sehe; erlaubt, was auch die Welt davon denken mag, daß ich Euch umarme!

Molière (sie küssend, heiter). Zwei Chapelle also — und beide glücklich!

Soufflé (tritt von hinten ein). Monsieur!

Molière. Was giebt's?

Soufflé. Das Triclinium kann und will durchaus nicht mehr schlafen. Sie sitzen um den Tisch und bitten um ein kräftiges Frühstück mit Sardellen.

Molière. Gottes Tod! und wir hatten ihnen auf neun Uhr ein Stelldichein in der Seine versprochen, das ein paar glückliche Ehen vereiteln könnte!

Soufflé. Es sieht nicht so aus, Monsieur, als ob die Herren sich mit den Sardellenschwänzen in der Hand ins Wasser stürzen wollten. Sie sind schon wieder eifrig bei der Arbeit.

Molière. Bei welcher Arbeit?

Chapelle. Kommt, gehn wir diesen höchst verständigen Selbstmördern entgegen! — Madeleine! (Er bietet ihr zärtlich seinen Arm. Soufflé öffnet hinten beide Thürflügel; man sieht die Drei am Tische, Würfel spielend.)

Delatour (stürzt eben den Würfelbecher um). Neun gegen sieben!

Molière (lacht). Es scheint, wir haben keinen Lebensmüden mehr im ganzen Hause!

(Der Vorhang fällt.)